改訂新版

カウンセリングで何ができるか

信田さよ子

Nobuta Sayoko

大月書店

はじめに──「こころの時代」は終わったか？

このたび本書が体裁を新たに再刊されることになった。約一三年の時を経て、このような機会を得ることができたことを素直に喜びたい。

刊行当時、私はまだ六一歳だった。まだと書いたが、読者にとっては十分高齢であるに違いない。後期高齢者を目前にした七四歳という年齢で、六一歳当時の本を改訂するという作業は、まさに高齢化社会の象徴ともいえる。

しかし私の意識では、当時と今とを比べても、書く意欲も、カウンセリングに対するエネルギーもそれほど変わっていない気がするのだ。一番恐ろしいのは、「老化とは老化しているという自覚さえ奪ってしまう、だから『まだまだ元気』というひとが一番老化を体現している」という言葉だ。そうでないことをひたすら願っているが、やみくもに一三年前と変わっていないと主張しているわけではない。身体は確実に衰えている。ひざの痛みはもう宿痾《しゅくあ》のごとく、毎日歩くたびにいたわり続けなければならないほどに悪化している。三年前に杖を使用しなければならないほどに右ひざが痛み、オーバーに言えば人生観が変わってしまった。このままスタスタ歩けなくなってしまうのか、そう思うと、すれ違う人のひざにばかり目が行ってしまったことをおぼえている。なんとか折り合いをつけられるまでにひざは回復したが、こよなく愛していた八センチのヒールの靴を履くことをあきらめている。

この一三年間、ほんとうにいろいろなことが起きた。私が予言者を信じないのは、多くの予言者や占い師があの震災や原発事故を予測しなかったこと、そして、この原稿を書いている今、世界中を震撼《しんかん》させているパンデミックについても誰も予言していなかったからだ。

そんな目で本書の旧版を読み返してみた。それはどこか怖いことでもあった。自己更新されないこと、これが私にとってはもっとも忌《い》むべきことなのだから。もし一三年前から全然変わっていなかったらどうしよう、六一歳のときのままだったらどうしよう。このセリフを七四歳の高齢女性が吐いていること自体が笑われてしまうのかもしれない。

でも、それだけはどうしようもない。一度言ったことを一年後にくりかえし語ることが、この上なく恥ずかしい。それにしても、なぜここまで強迫的に自己更新を試みるのだろう。たぶんそれは、十年一日のごとく同じことをくりかえしているひとたちに対する軽蔑の念があるからだ。仕事上で出会う多くの先達、ときには後輩たちのそのような姿を見るたび、こころから落胆してしまうのだ。ああはなりたくない、過去の権威にすがって同じことをくりかえしてしゃべり続けることだけはやめたい、と誓うのだ。

これが、おそらく私の強迫的自己更新の根底にあったのではないかと思うが、旧版を通読して、けっこう変わっていない部分の多いことに安心したのである。そして「ああ、いいこと書いてる」と、過去の私にエールを送る気持ちにもなった。変わっていないことに安堵《あんど》する、今も引き続き同じことを考え感じていることに誇りを持つ、こんなことはこれまでになかった。姿勢の一貫性が保たれていることと、新たな潮流を採り入れることは決して矛盾しない。このことがよくわかったのである。

したがって、カウンセリングに対する基本的姿勢の部分にはほとんど加筆修正はない。しかし、どうしても本書で新しく加えなければならない点が二つあった。ひとつは待望の心理職の国家資格である公認心理師の誕生である。このことだけでもかなりの量を加筆しなければならないと思うが、読者の方々にとって関心のありそうな点にしぼって記述することにした。

もうひとつは、ここ一〇年ほどの認知行動療法（CBT）の広がりである。北米やイギリスにおいては定着した感のあるCBTだが、本書では、なぜそうなったのか、他の援助技術に比べてここまで受け入れられた理由について説明し、方法について概説したいと思う。

以下は旧版の「はじめに」の抜粋である。この点は重要なポイントなので再録しておく。

さまざまな言葉は、その時代の空気を吸っているひとたちによって歓迎されて選ばれ、日々使われ消費されて耐用年数がすぎていく。マスコミのさまざまな媒体によってそれが増幅され、加速する。とみに近年そのスパンが短くなったという感を強くしている。

こころの時代、自分探しといった言葉が何の抵抗もなく受け入れられる時代があった。そう過去形で書いたのは、すでにそれは過ぎ去ったのではないかと思っているからだ。一九九〇年のバブル崩壊、それに続くゆるやかな不況、九五年の阪神淡路大震災と地下鉄サリン事件。このような社会の変動とつながっているかのように、多くのひとびと、特に若者たちが「自分」「こころ」への関心を深めていった。大学の入学志望の学部でも、かつての国際関係、情報学部などから、臨床心理学専攻へと人気は移っていった。カウンセラーなどのひとを援助する仕事に就きたいという若者も増加した。

しかし二〇〇一年九月一一日、二機の旅客機がニューヨークの高層ビルに突入した事件以降、こころの時代や私探しを支えていた磁場が微妙に変化したと思っている。それは、自分の中ではなく、現実に存在している敵や加害による被害や傷つきへの注目である。（中略）

これまでは司法領域が扱っていた「被害・加害」への注目である。こころの問題が発生する始原にあった被害への注目と言い換えてもいいだろう。（中略）

時代の変化とともに、こころの問題は、司法、宗教、脳科学といった領域に拡散しつつある。

ではこころの時代は終わったのだろうか。カウンセリングはこころの悩みを扱うのだから、もう役割は終わったのだろうか。私はそうは考えていない。今だからこそ、カウンセリングについて書かれる必要があるだろう。こころの悩みを扱う「お悩み相談」ではないカウンセリング、もっと生々しい現実に果敢に打って出るようなカウンセリング、精神科医と対等に向かいあいながら、しかも薬や医学診断とは相対的に独立したカウンセリング。少なくとも私はそんなカウンセリングを実践してきたと思っている。

一九九五年の年末、原宿という喧騒に満ちた若者の街の片隅に開設した原宿カウンセリングセンターは、二五年目を迎える二〇二〇年の一月に、原宿駅を挟んで少し北側の場所に移転した。北参道と呼ばれるそのエリアは、表参道や竹下通りから少し外れているので、人混みをかき分けることなく来談していただけるようになった。昭和のにおいの残る蕎麦屋やうなぎ屋などに囲まれた一角は、交通至便にもかかわらず落ち着いた雰囲気の場所である。以前より少し広くなり、カウンセリングの部屋数も増えたオフィスは、相変わらず多くの来談者でにぎわっている。

本書は、臨床心理士や公認心理師のひとたちはもちろんのこと、さまざまな援助職（看護師、保育士、介護職など）に就いているひとたち、教育関係者、精神科医療従事者などにも参考になるだろう。そしてカウンセリングを必要としているひとたちも大きな対象である。さまざまな問題で困り苦しんでいるひとたち、中でも家族との関係に苦しんでいるひとたちには、ぜひとも読んでいただきたい。従来のカウンセリングに関する本と異なっているとすれば、私のカウンセラーとしての経験を基本としている点だろう。そして、本書における事例は、これまでのカウンセリングで出会った数え切れないひとたちとの出会いから私が創造したものであり、特定のモデルがあるわけではないこともお断りしておきたい。個人のプライバシーに配慮してのことである。旧版から一貫しているのは、カウンセラーが職業として成り立つことを示し、その実態を知ってもらいたいという願いだ。現実を生きている多くのひとたちに役立ってきたという事実を示しながら、誰にでもできそうでいながら、そこにはやはりプロとして必要な技法や理論の修得が欠かせないことも理解していただきたいと思った。

年間の新来のクライエント数が平均して六〇〇人を超えるという実績を二五年間継続してきたという事実に基づいた私のカウンセリング観が、こうしてふたたび一冊の本にまとまることはこの上ない幸せなことでもある。その思いが読者の皆様にも伝わればうれしい。

二〇二〇年八月

信田さよ子

カウンセリングで何ができるか

目　次

第2章　カウンセリングの役割　43

第3章　カウンセリングの基本　59

第4章　カウンセリングで何ができるか　85

第1章 カウンセリングのそもそも

日本でのカウンセリングのはじまり

日本では、いつからカウンセリングがおこなわれるようになったのでしょうか。定説としては、第二次世界大戦後、アメリカによる日本の民主化とともに入ってきたといわれています。人類史上最悪とも言われる原子爆弾を広島と長崎に投下したのはアメリカ合衆国です。一九四五年は終戦ではなく敗戦の年なのです。敗北した日本は戦勝国アメリカによって占領されました。アジア・太平洋戦争を推進した日本の軍国主義や天皇制にまつわる遺制を徹底的に払《ふっ》拭《しょく》することは、日本だけではなくアメリカにとっても、脅威の芽を潰すために必要だったのでしょう。日本国憲法がその象徴ですが、まがりなりにも戦時下の統制や軍国主義的思想の強制がなくなったのは大きかったと思います。しかし近年では、戦時下にあって「天皇陛下万歳」「大日本帝国万歳」と言っていたひとたちが、ひとたびアメリカに占領されるとくるっとひっくり返ってしまうという節操のなさ、思想的変節について、多くの思想家・作家が抵抗したことが明らかになっています。

このような流れのなかで、憲法に基づいてさまざまな法制度も改正され、学問の世界にもさまざまな変動がもたらされました。アメリカから新しい心理学が導入され、カウンセリングという言葉も使われるようになったのです。

実は、心理学の発展には戦争が大きく寄与しています。第一次世界大戦に始まる近代戦には、「敵の心理を読む」とか「味方の戦意を高揚させる」といった人心操作のために心理学が必要とされ、また動員されてきました。

一九七五年に終結したベトナム戦争がその好例でしょう。アメリカが初めて敗戦を喫したこの戦争で、アメリカの国家財政は軍事支出によって大きく逼迫《ひっぱく》し、心身ともに傷ついた多くのベトナム帰還兵の問題が浮上しました。彼らの多くはアルコールや薬物依存症に罹患し、それにともなう家族内のさまざまな暴力も表面化しました。ベトナム戦争に従軍した彼らへの補償の必要から生まれたのが、アメリカ精神医学会による「PTSD（心的外傷後ストレス障害）」という診断名だったのです。一九八〇年のDSM－Ⅲ（アメリカ精神医学会が作成する『精神疾患の診断と統計マニュアル　第三版』）に登場したこの病名は、まさにベトナム戦争が生み出したものといっていいでしょう。このように、戦争と心理学や精神医学は不即不離の関係にあります。

敗戦から六年後の一九五一年、アメリカ・ミネソタ大学のウィリアムソンが教育使節団として来日し、東大の教育学部でカウンセリングの講義をおこないました。これが日本でカウンセリングが一気に広がるきっかけになったといわれています。そのときに紹介されたカウンセリングは、主にカール・ロジャースの来談者中心療法（Client Centered Therapy）というものでした。一九六〇年代に入ると、東京大学の佐治守夫を中心として、精神医学ではなく臨床心理学に立脚する心理相談の理論として広がることになります。相談にやってくるひとを患者ではなくクライエント（来談者）と呼び、そのひとたちが語る内容を共感して傾聴するという態度や方法です。それはわかりやすく支持的（肯定的）であり、日本で多くのひとたちにカウンセリングという言葉が広がる素地をつくりました。

カウンセリングの学派

ロジャースの提唱した学説は「人間性心理学」と呼ばれますが、臨床心理学の三つの大きな潮流のひとつ目として位置づけることができます。六〇年代には東大、京大、東北大などに相次いで学生相談所がつくられ、そこから教育相談も発展していきました。人間性心理学の潮流を汲む臨床心理学者たちが積極的に相談やカウンセリングを実施したのです。

二つ目の潮流は、分析的心理学や精神分析です。昭和三〇年代（一九五五年〜）になると、精神科医の小此木《おこのぎ》啓吾がフロイトを、臨床心理学者の河合隼雄がユングをそれぞれ日本で紹介し、精神分析や分析的心理学がわが国に広がっていくきっかけとなりました。大切なことは、これらは臨床現場における方法論というよりも、広く人間のとらえ方、人間のこころの理解を深めることに貢献したということでしょう。一九六〇年代後半に哲学科の大学生だった私も、フロイトの著作を教養の一環として読みあさった記憶があります。当時の学生は、学生運動の基礎理論としてマルクスの『資本論』を当たり前のように読みながら、いっぽうでフロイトの精神分析についても一定の理解を示す、というのが一種のスタイルだったといえます。

一九七一年には『「甘え」の構造』(土居健郎著、弘文堂)が大ベストセラーとなりました。土居は精神科医であり心理学者ではありませんが、このような本が(たとえタイトルだけで買う人が多かったとしても)書店で飛ぶように売れたという事実は、今からすると夢のようです。

現在に至るまでに精神分析はいくつかの学派に枝分かれしましたが、臨床心理学や精神医学を学ぶ人たちのあいだでは精神分析は根強い人気がありますし、学会や研究会を通して熱心な研修が実施されています。

三つ目の潮流は行動主義的心理学です。これは旧ソ連を中心とした刺激反応理論に基づいており、こころの内面ではなく、客観的に把握できる行動を対象とするものです。そして、さまざまな経験を積み重ねることでひとの行動は変容できると考えられ、学習理論にもつながっていきました。精神分析学が徹底して個の内面や人格を対象としているのと対照的です。学習理論から発展したのが行動療法で、近年では認知療法と合体した「認知行動療法」として広がっています。

後述するように、公認心理師という国家資格が誕生したことで、三つの潮流のすべてが基礎知識として必要とされることになりました。しかし、この三つの流れは実際のカウンセリング場面では大きな違いがあることも事実です。とくに二つ目の潮流である精神分析は、精神療法・心理療法として「治療」を目的とします。精神的疾病をかかえたひとたちが主な対象であり、医療とのつながりが大きくなります。

いっぽうで、ひとつ目の潮流は、病気かどうかではなく、日常生活を送りながら、いろいろな悩みや問題を抱えたひとを対象にするというところから出発します。疾病や病理を対象とする精神医学とは一線を画しながら、同じ人間として、目の前にいるひとの話をきちんと聞くことこそ重要だとするのです。

日本の精神科病院の中に心理の専門職が入りはじめたのは六〇年代からです。私は七〇年代のはじめに民間の精神科病院に勤務したのですが、当時その病院には心理室のスタッフが常勤で四人いました。今もそうですが、医療保険の点数に心理職はなかなか貢献できないので、お飾り程度だったり、ケースワーカーと同じ仕事をしたりというのが実情でしょう。したがって常勤者四人というのは当時としてもとても多かったと思います。

また、六〇年代にはすでに、カウンセラー養成のための民間のカウンセリング研究所などもできていました。先述のとおり私は哲学科の学生だったのですが、なぜかちょっと勉強してみようかと思って「〇〇カウンセリングアカデミー」という建物の入り口まで行き、パンフレットをもらってきたという経験があります。その後、大学院に入り直して臨床の勉強をすることになるのですが、こうしてカウンセラーとして生きてくることになろうとは、当時の私は夢にも思っていなかったのですから、不思議な気がします。

しかし、「カウンセリング」という言葉が一般化したのは九〇年代後半からのことではないかと思います。学校の先生たちが「カウンセリング・マインド」と言ったり、カツラの会社や化粧品会社のキャッチコピーにまで「カウンセリング」という言葉が当たり前に使われるようになりました。それまでは「カウンセリング」と言っても「それ、何?」と言われたり、こころの病を対象とするものだと受けとめられたりしていたのです。

カウンセラーという呼び方をめぐって

私たちのような業種をなんと呼ぶのかについて、統一されてはいません。公認心理師という国家資格ができたにもかかわらず、それは変わらないままです。たんに心理職と呼んだり、人によっては自分はセラピストだと名乗るひともいます。カウンセラーや心理カウンセラーと呼ばれたり、さまざまです。精神科医療では心理療法士という名称が一般的ですが、それ以外の場では決まった名前はありません。教育相談などの公的機関では、相談員と呼ぶことが一般的です。

心理職というのは俗称で、医師や看護師、ソーシャルワーカーのような職種と並べてこう呼ばれることが多いのですが、正確には、公認心理師（二〇一五年法制化、二〇一九年から認定が開始された国家資格）や臨床心理士（公益財団法人日本臨床心理士資格認定協会が認定する民間資格）を肩書にするべきだと思います。

「カウンセリング」という言葉を日本語に訳すのはむずかしいのですが、簡単にいえば「相談」ということです。国によっては、カウンセラーとクリニカルサイコロジスト（臨床心理士）を分けているところもあります。イギリスでカウンセラーというと一般的な相談員で、臨床心理士というと非常に専門的な、病気もあつかうような職業とされています。英語で「Clinical Psychologist」といいますが、Clinicalというのは臨床的とも治療的とも訳すことができます。

しかし、この言葉の用い方には繊細な注意が必要です。

その最大の理由は、精神科医、精神科医療との関係にあります。医療とは、疾病を対象としますし、症状を軽減し根本原因を除去する治療を目的としています。身体の疾病であるガンを思い浮かべていただければよくわかるでしょう。では精神疾患はどうか。統合失調症をその代表とする多くの精神科医療の疾病は、こころの病というより「脳」の占める割合が大きくなっています。医療という近代科学の枠を結集したシステムにおいて、「こころ」という不定形で確かめようのない対象より、脳という生物学的で機能が解析可能な実在を対象とするほうが、客観性が保たれるからです。したがって近年の精神科医療では、薬物療法の占める割合が高まっています。保険診療の枠の中で、医療経済の採算ベースからは、ひとりの患者さんに多大な時間をかけて経験を聴くわけにはいかないのも、その理由のひとつです。結果的に、この症状にはこの薬という対症療法による症状の軽減が大きな目的になっています。

したがって、「Clinical」という言葉の解釈をめぐって精神科医とのあいだで軋轢《あつれき》が生じないようにしなければなりません。私たちは医師ではありませんので、「治療的」行為を主導することはできません。しかし、困り悩めるひとたちを援助することはできます。「臨床的」なかかわりは可能ですが「治療的」な判断は避ける。これが、私たちと精神科医との役割の違いであり、限界の設定なのです。

ときどき雑誌の記事などで、精神科医が「カウンセリングをする」とか「僕のカウンセリングでは……」などと発言しているのを目にしたりします。精神科医ではない私たちは「治療」

や「症状」といった言葉の使用に厳しく限界を設定しているのですが、一方の精神科医たちは実にお気楽に「カウンセリング」という言葉を使っています。それほどカウンセリングは簡単なことと思われているのでしょうか。それとも、精神科医であればカウンセリングなんかすぐできると思われているのでしょうか。そんな記事を目にするたびに、私は毎回、腹に据えかねる思いに襲われるのです。カウンセリングは、のちに述べるようにきちんとしたトレーニングや研修を受ける必要がありますし、医師という、医療において最大の権限を有する存在とはどこか相容れないものがあります。カウンセリングという言葉を精神科医が用いるとすれば、気軽でやさしい精神科医なんだよということをアピールするためではないかと思いますが、営業トークに用いられているのだとすれば、それはそれで釈然としません。

ネット上でも、多くのひとがさまざまな精神科クリニックを訪れて、「この先生はカウンセリング的だった」「今日はちゃんと先生からカウンセリングを受けた」などと書き込みをしているのを目にしますが、医師と患者の関係は、そもそもカウンセリングとは相容れないということを、医療消費者である一般のひとたちも知る必要があります。また、保険診療という制度の枠組みの中で診療するには、どうしても時間あたりの患者数を多くしたほうが利益が上がる仕組みになっていますから、カウンセリングという手間暇をかけた関係を精神科医に求めるのは贅沢すぎるといっていいでしょう。

イギリスだけでなくカナダでも、サイコロジストとクリニカルサイコロジスト、カウンセラーを分けています。Ph.Dを持っている、つまり博士課程修了者だけがサイコロジストと呼ばれるようです。これは国家資格であり、臨床心理学に関する資格の中でも一番グレードの高いものです。カナダの刑務所や病院、研究所などでは、精神科医と肩を並べてサイコロジストたちが活躍しています。

またアメリカは、先に述べたベトナム戦争後の財政状況の悪化にともなって、国民皆保険の制度ではなく、民間の保険会社と個別契約するシステムになっています。これは、医師でなくても保険会社が効果を認めて契約すれば、自由に開業できることを意味します。そこでは一般的にセラピーという言葉が使われます。これはサイコセラピーの略だと思います。そしてそれをおこなうのが「セラピスト」というわけです。

たとえば、Aセラピストのところに行ったら、問題が解決したり状態が改善するまでに一年かかった。Bセラピストだと半年で済んだ。AとBを比較すると、いわゆる費用対効果が数字で算出可能になります。この結果が、開業するセラピストと保険会社との契約を左右します。大手の保険会社と契約すれば、保険のユーザーが確実にクライエントとして来談することになります。

そこから、短期に確実に問題を解決するセラピーの必要性が生まれました。これがブリーフサイコセラピーの隆盛につながりました。また、セラピーの結果を示すエビデンス（根拠・証拠）が厳しく求められるようになりました。こころの問題をあつかうにも、このような経済原則が働いていることは知っておく必要があります。

日本ではまだ、このような「効果」を客観的にエビデンスとして示すことが厳しく求められてはいませんが、いずれ大きな争点となるでしょう。数年前に、ある保険会社を訪問して、たとえばガン保険のように保険の項目に開業カウンセリング機関でのカウンセリングの保障を加えることはできないかと依頼したことがありました。応対してくださった保険会社のCEOは、私たちの規模や来談者の数では母集団が小さすぎること、ちゃんとした効果のエビデンスがないこと、といったしごくもっともな理由で、カウンセリングに民間保険の適用はむずかしいと語ったのです。

保険がきかないことは、カウンセリング料金が保険診療の一〇倍近いことを意味します。開業して二五年を過ぎた立場からは、経済的背景抜きにカウンセリングを語れないと思います。クライエントからの評価が来談者数としてあらわれるとするならば、経済的基盤を維持することがカウンセラーとしての私を鍛えたのです。新たな技法を学びたい、新たな学説を吸収したいという動機もそこからわいてくると思っています。

くりかえしますが、現在の日本で、私たちは保険を使って仕事をすることはできません。病気を治療したり診断したりすることは、精神科医療にしか許されないのです。医療モデルとは、症状から診断名を確定し、それを治療することから成り立っていますが、私たちの仕事は非医療モデルに立脚しています。カウンセラーという名称にこだわり続ける理由のひとつは、保険診療や医療モデルとの違いを明確にするためです。

もうひとつの理由は、気軽に来られるようにしたいということです。あいまいで、化粧品やウィッグを買うときとそれほど差のない言葉だからこそ、あえてこの言葉にこだわっているのです。今でもまだ、カウンセリングは精神の病いをあつかうと考えて、カウンセリングをすめられると病気あつかいされたと怒るひともいます。その根底には、精神の病いに対する差別と偏見があることは言うまでもありません。だからこそ、カウンセリングの実情を知ってもらい、あえてカウンセラーと名乗ることで、この仕事に対する敷居を低くしたいと思っているのです。

セラピストという名称は日本でも結構使われていて、インターネットなどではよく「セラピストがお会いします」と書いたサイトをみかけます。これは先に述べたように、アメリカでよく使われている言葉です。

私がセラピストと名乗らないのは、自分のしていることをあまり「治療」とは思いたくないからなのです。「治す」とか「治療」というと、どうしてもそこに病気や症状というものが入り、医療モデルに近づいていくでしょう。敗戦後、日本にカウンセリングが入ってきた当初のように、ごく当たり前の生活をしているひとが、日常生活で何か困ることがあり、気持ちが落ち込んだりつらく感じたとき、家族や友人とは異なるスタンスの専門家として、気軽に相談できる場を提供したいと思っています。そのためには「カウンセラー」という言葉が一番いいのではないかと思っているのです。

日本でのカウンセリング理論の展開

戦後アメリカから入ってきたカウンセリングは、前述したように、三つの潮流のうちのひとつであるカール・ロジャースが提唱したもので、来談者中心療法といわれます。そこに世代や系譜という視点を加えてみたいと思います。

一九四〇年代後半、敗戦直後から心理学を学んだ第一世代といわれている人たちは、フロイトの精神分析や、多様なパーソナリティ理論を展開しました。実際にアメリカやイギリス、スイスなどに留学してトレーニングを受けたひとたちも多かったのです。彼らが本格的に日本で教育をはじめたのが六〇年代ということになると思います。たとえば京都大学の河合隼雄はユング研究所に留学し、帰国後に日本でユング派の心理療法を広めることになりました。慶応大学の小此木啓吾を中心としたフロイト理論に基づく精神分析は、多くの専門家が輩出していきます。ロジャース派のカウンセリングは、東京大学教育学部の佐治守夫を中心として広がっていきました。

三つの潮流は欧米に端を発したものですが、実は日本独自の理論や方法も誕生していたことを強調したいと思います。九州大学では日本独自の「動作法」を第一世代にあたる成瀬悟策が開始し、現在までその系譜は受け継がれています。私の恩師であるお茶の水女子大学の松村康平も、心理劇という演劇の手法を取り入れた理論と方法である「関係論」を創始しました。

松村康平は、精神科医ヤコブ・レヴィ・モレノ（一八八九〜一九七四）に影響を受けています。フロイトがウィーン大学の医学部で講義をしたときに、当時医学生だったモレノはそれを聞いてこう言ったといいます。「あなたは患者を薄暗い部屋のカウチ（寝椅子）の上で治療します。僕は青空のもとで、広場で治療します」。これがサイコドラマの原点をあらわす逸話になっています。個人療法中心のフロイトに対し、モレノは集団における力動や関係に重点を置く集団精神療法を提唱したのです。

松村はモレノに学びながら、そこから「関係論」という独自の理論を構築しました。今では当たり前になっている「関係」の重要さ、二者対立ではない三者関係の重要性などを、六〇年代から提唱していました。その先進性に今さらながら驚かされると同時に、だからこそ当時の理解者が少なかったのではないかと思います。

今から思えば、私は松村のもとで、精神分析的ではない臨床のスタイルと理論を学ぶことができたのでした。そして、独自性を何より大切にするゼミの運営や指導のもとで、思う存分個性を発揮することができたと思うのです。

松村の理論的バックボーンのひとつがゲシュタルト心理学です。クルト・レヴィンらの「場の理論」が有名ですが、人間のこころは要素が集まって構成されているのではなく、個別に還元できない全体的な枠組みによって規定されるというのが概略です。松村は、この枠組み（ゲシュタルト）に注目し、「状況」という言葉でそれを臨床に生かしていきました。人間の知覚は状況に大きく左右され、絶えず他者や状況と関係しあって変化しているととらえるのです。「人間は関係的存在である」という松村の基本的哲学は、ゲシュタルト心理学に大きく影響されています。

カウンセリングの仕事には、かならず実習という経験的学習が必要になります。教育分析やスーパービジョンというパーソナルな指導やトレーニング、またはグループカウンセリングに参加して記録をとりながら、肌身で空気を感じて体得していくトレーニングもあります。おそらくカウンセラーは、誰もが養成過程で染みついた臨床スタイルをもっているはずです。私のカウンセラーとしての臨床スタイルも、たどっていけば、松村のもとで受けたトレーニングが一番根本にあります。同じカウンセラーといっても、どこか「三つ子の魂」のような部分もありますので、異なる潮流や流派によって十把一絡げにはくくれないところがあります。自分がどのようなバックグラウンドをもっているか、それを意識しながらその後の絶えざる研鑽を積むこと、そうして絶えずリニューアルしていくことが大切だと思います。

ブリーフ・セラピーの登場

もうひとつの大切な流れは、ブリーフ・セラピー系です。先に述べた内容と少し重複しますが、それがアメリカで隆盛した背景を述べておきましょう。ベトナム戦争終結後のアメリカは深刻な財政危機にみまわれました。その結果、現在の日本のような国民皆保険の制度が廃止され、個人が選択して民間保険会社と契約するように変化したのです。当然のように、お金のない人と裕福な人では掛ける保険内容が変わることになります。病気になったときの治療にも大きな格差が生まれます。

保険会社の競争は、どのような商品を売るかにかかってきます。たとえば「弊社の保険にはカウンセリングがついています」と謳《うた》う保険も登場しました。当時、商品の付加価値として人気があったのが、アルコール依存症の治療でした。ベトナム戦争帰還兵たちの多くが、帰国後アルコール（時には薬物）に依存するようになったからです。アルコール依存症の治療パッケージの特徴は、飲酒している本人だけではなく妻も共依存であり、子どもはアダルト・チルドレンであるとされ、家族の全員が保険契約対象となる点でした。ひとりのアルコール依存者がいれば、妻と子どもも含めて少なくとも三人分の契約が約束されるわけです。保険会社の多くは、こぞってアルコール依存症の治療をターゲットとして契約獲得に走ったのです。一九七〇年代末に生まれた「共依存」や「アダルト・チルドレン（AC）」という言葉の背景には、このようなアメリカの保険会社の戦略も大きく影響していたことを念頭におく必要があります。

アメリカでは日本と違って、前述のように医師でなくても開業することができます。ソーシャルワーカーやサイコロジスト、さらにはナース（看護師）などが地域で開業する際、保険会社が契約するかどうかは相談実績のデータによります。「あそこのカウンセラーに相談したら、問題が解決するのに三年かかった」と「ここのカウンセラーでは半年でよくなった」を比較したら、保険会社はどちらのカウンセラーと契約を結ぶでしょうか。利用者にとって評判がいい、つまり早くよくなったほうと契約するでしょう。

ブリーフ・セラピーはこのような背景から生まれました。短期に問題が解決できること、それがデータ化されて示されること、簡潔な方法、そのほうが保険会社も契約者を獲得しやすいからです。アメリカでそれまで人気の高かった精神分析は、週に複数回通わなければならず、何年もかかることもめずらしくなかったので、費用、期間、効果の点でブリーフ・セラピーを希望するひとたちが増えたものと思われます。

ブリーフ・セラピーの特徴は、こころの深い部分には触れず、困っている問題を解決することを目的にしています。たとえば「手が震えるんです」というひとがいれば、どうすれば震えないようになるかを考える。「職場に行けない」というひとも、その原因は何かということはさておいて、とりあえず職場へ行けるようにする。いわゆる症状や問題を軽減し解決する、具体的で明快な方法です。日本にも一九八〇年代からブリーフ・セラピーが導入され、現在は学会もあります。ブリーフ・セラピーは、日本においては主流とは言えませんが、困っているひとたちを援助するためにはひとつの重要な流れだと思います。

日本における精神分析を牽引したのは先述の小此木啓吾です。小此木は海外の精神分析関連の文献を翻訳・紹介するだけでなく、一般のひとたちにもわかりやすい本を多く出版することで、多くのひとが精神分析に関心を抱く土壌をつくったといえるでしょう。小此木の師ともいえるのが精神科医の古澤平作です。彼は一九三〇年代にウィーンに留学し、フロイトに学んだこともあります。

古澤・小此木によってつくられた日本の精神分析は、週一回程度でカウチ（寝椅子）を用いない対面での面接によって実施されてきましたが、一九九三年に国際精神分析学会によって改善命令が出されました。その後、日本でも精神分析の訓練について、国際基準に準じた形で整備されています。

認知行動療法

認知行動療法（Cognitive Behavioral Therapy：CBT）は、ひとことで説明できるほど単純な方法ではありませんし、簡潔に説明するのは私の手に余ります。たとえるならば、歴史的にさまざまな考え方や方法が、まるで支流から本流へと河の水が合流するようにしてできあがったものです。現在ではインターネットを通して自分でもCBTを試みることができるようになっていますので、ぜひ検索してください。

本章の最初で三つの潮流を挙げましたが、その中の行動主義心理学がCBTの源流といえます。旧ソビエトなどの社会主義国では、多くが行動主義的心理学を推奨していました。行動は客観的に観察できると考えられ、社会主義理論との親和性が高かったからでしょう。

しかし、そのことが、いっぽうで行動主義の限界が指摘されることにつながり、一九七〇年代に入ると人間の「認知」への注目が集まるようになりました。行動主義的心理学がそれと合体することで、認知行動療法が生まれました。基本となっているのは、私たちの行動に影響を与えているのは考え方の癖や習慣（＝認知）であるという理解であり、それをスキーマとか自動思考と呼びました。強迫的行動やうつ状態を治療するには、日常自覚していない認知（信念、スキーマ、自動思考）を変容させる必要があると考えられます。

日本では行動療法と認知療法の学会が、日本認知・行動療法学会として合体したばかりです。現在、私もファシリテーターとしてかかわっているDV加害者向けプログラムでは、CBTを応用したABCモデルを使っています。A（Action できごと）、B（Belief 信念）、C（Consequence 感情）、D（Decision 行動）という枠組みにそって自分の行為を分節化する試みです。

たとえば、参加者の「自分は怒りっぽい性格だからしかたがない」とか、「妻はいつも約束を守らない」「怒らせる妻が悪い」といった発言から、どのような信念（B）があるかを質問によって明確にしていくのです。彼らは自分は正しいと考えていますが、実は妻だけは自分を理解すべきだ、やはり自分のほうが上の存在だ、といった家父長的な信念が浮かび上がってくるのです。信念が変われば感情も変わること、さらに同じ感情を抱いていても行動は選択できる変えられることなどを、プログラムを通して参加者が学習することを目的としています。

カウンセラーの資格

本書で重点をおいているのは、精神科医療・クリニックなどの治療と、カウンセリングでの援助との違いです。一般的には一緒にされてしまうことが多い「こころ／心」と「精神」という二つの言葉も使い分けています。「精神」は医療に近く、「こころ」は心理に近いという前提によるものです。臨床心理士という資格が、スタートから一貫して「こころの専門家」を標榜《ひょうぼう》してきたのもそのためでした。

臨床心理士という資格は一九八八年からスタートしました。それを認定するのは公益社団法人日本臨床心理士資格認定協会という民間団体です。国家資格ではありませんが、文部科学省が所管する団体です。

すでに述べたように、カウンセリングにはさまざまな学派が存在しましたが、臨床心理士という資格が誕生したのには、それなりの背景がありました。もちろん、こころの問題にひとびとが関心をもち、それにかかわる専門家の資格が必要だという社会的要請もありました。しかし、一番大きかったのは、学派を超えて臨床心理学の研究者や臨床家たちが協力したことです。当然そのひとたちが、いずれ国家資格になることをめざしていたことは間違いありません。

臨床心理士になるには、四年制の大学を出て、その後二年間大学院で勉強し、さらに実習一年を経てやっと受験資格が取れます。大学院のカリキュラム編成にも厳密な基準があり、必須科目を履修しなければならないことになっています。

臨床心理士の資格をとるために大学院を受験するひとたち向けに、大手の予備校へ行けばそのコースが用意されています。指定大学院制度といって、一定の基準を満たした大学院では実習期間が二年間に組み込まれています。1種と2種がありますが、いずれも競争率が非常に高く人気がありました。過去形で書いたのは、近年その人気にも少しかげりが見えはじめたからです。臨床心理士の資格を取得しても、国家資格ではないために、医師や看護師のように職が保障されるわけではありません。スクールカウンセラーも基本は週一日勤務であり、掛け持ちしたとしても身分が保障されるわけではありません。このような職域の狭さと不安定さ、さらに日本経済の低成長化も加わって、かつての人気が衰えはじめたのが現状のようです。

受験では学科と面接試験に合格しなければなりませんが、かなり厳しい試験であることは間違いないようです。また、一度臨床心理士に認定されても、一生通用する資格ではありません。五年ごとに更新していくという厳しい基準が用意されています。三団体（日本心理臨床学会、日本臨床心理士会、日本臨床心理士資格認定協会）が主催する各種研修会や学会に参加することで、まんべんなく一定のポイントを獲得しないと更新されないことになります。たえず研修や学びをくりかえしながら資格を更新していくシステムは、資格取得者の資質を維持向上させるうえでは大変優れたものだと思います。

臨床心理士をそのまま国家資格にという願いは、一九八八年の資格発足当時からのものでした。臨床心理士の資格化を牽引《けんいん》してきた河合隼雄が二〇〇二年に文化庁長官となり、いよいよ国家資格化が実現するかと思われましたが、二〇〇六年に河合が脳梗塞《のうこうそく》で倒れ退任することとなりました。本書の旧版はその翌年の二〇〇七年に出版されたのですが、奇しくも河合隼雄が亡くなったのと同じ年です。

国家資格ができるまでの紆余曲折《うよきょくせつ》

なぜ臨床心理士が国家資格化されなかったかについては、いろいろな意見がありますが、所管する官庁が文科省だったことも大きかったと思います。スクールカウンセラー制度はもちろん文科省が管轄しています。いっぽうで、臨床心理士資格を有しているひとたちの多くが精神科病院やクリニックで仕事をしています。この現実は今も変わりません。スクールカウンセラー制度は常勤職を保障しているわけではないからです。

多くの心理職が経済的に自立するためには、精神科医療の場が一番確実な収入の道だったのです。そうなると所管官庁は厚生労働省となります。厚労省の認可がなければ国家資格化は難しく、精神科医との関係が大きなハードルとなったのです。

日本臨床心理士資格認定協会の中心的メンバーは、京都大学の河合隼雄に連なるユング派、そしてフロイトに発する精神分析派のひとたちでした。いずれも精神科医と対等に仕事をする、こころの専門家としての役割を主張していました。国際的にみても、精神分析の専門家が精神科医である必要はないし、臨床心理士と精神科医は訓練過程において平等にあつかわれます。もちろん私も、カウンセリングの仕事は医師と対等だと考えていますが、医療システムの内部ではそれはなかなか困難なのです。

長年、国家資格化を阻《はば》んできたのがこの点でした。精神科医療・精神科病院の各種団体からは、臨床心理士の国家資格化に対して最初から懸念が示されてきたのです。精神科医療において医師から独立した（対等な）存在を認めれば、ヒエラルキーが崩壊してしまうからでしょう。二〇二〇年の現在に至るまで、薬剤師も含めて、医師を頂点としたヒエラルキーは維持されたままです。

一九八八年から二〇年近く、国家資格化をめざして多くの臨床心理士たちが厚労省や精神科医療の諸団体と粘り強い交渉を続けてきました。河合隼雄の後任として村瀬嘉代子が日本臨床心理士会会長に選ばれたころから、大きく情勢は動きはじめました。厚労省の要望に一部沿うかたちで、早期の国家資格化を実現しようという現実的路線の登場です。言い換えればそれは、臨床心理士会の内部に、国家資格推進派とそれへの反対派（厚労省路線に対する妥協反対派）との分断を生み出すことを意味したのでした。

私は、村瀬嘉代子会長になってから、推進派として立候補し、現在まで日本臨床心理士会の理事をつとめています。もともと、多くの臨床心理士が経済的に保障された生活をできるためには国家資格化の実現が第一と考えていたからです。

厚労省や精神科医療関連諸団体との折衝《せっしょう》の大きな焦点は、おおまかには①医師の「指導」なのか「指示」なのかという点、さらに②大学院修了を条件とする点に絞られました。双方において妥協に妥協を重ねた末に、医師の指示に従うのではなく「指導に沿う」という表現によって、かろうじて心理職の自律性は守られました。

さらに、大学院修了でなくてもそれに相当する実務経験があれば受験可能となった点は、非常に大きな譲歩を意味しました。知らない方には何のことやらと思われるでしょうが、医療現場のヒエラルキーが守られることを意味しますので、日常業務においてこれは重要なポイントなのです。

二〇一一年に東日本大震災が発生してから、多くの臨床心理士が被災地の子どものケアに奔走したり、学校支援などの迅速な活動をおこなったことも影響したのでしょうか、二〇一五年八月に国会で公認心理師法が成立し、九月には公布されました。所管官庁は厚労省と文科省です。法律が成立したとき、私は心理劇の国際学会に参加するためにクロアチアにいましたが、日本からのメールで成立を知った瞬間の感慨を忘れることはできません。まさに歴史的瞬間だったと思います。

「公認心理師」の誕生

こうして実現した、日本でははじめての心理職の国家資格が公認心理師です。法が施行されたのは二〇一七年で、資格獲得のための試験は二〇一八年から実施されました。法制定後の大学卒業生が受験資格を得るまでの経過措置として、臨床心理士の有資格者も受験資格を得ることができます。ただし、合計三〇時間の現任者講習を受けなければなりません。

七〇歳を過ぎて受験勉強をすることになるとは想像もしませんでしたが、業務をやりくりして現任者講習をなんとか受講しました。原宿カウンセリングセンターのスタッフも全員が試験に備えてかなりハードな準備をし、所内で勉強会も実施して、なんとか合格できました。年齢から考えて、私の受験はギリギリだったと思います。付け加えますと、現任者講習にもお金が必要であり、受験するにも、そして合格後の登録にもお金が必要になります。このことは忘れないでもらいたいと思います。

こうして第一回試験の合格者となった私の資格は、公認心理師・臨床心理士を併記することにしています。

現在、公認心理師の職能団体がいくつか存在します。代表的なものが「日本公認心理師協会」で、私はその理事に選任されました。もうひとつが「公認心理師の会」です。とりあえず出発したこの国家資格をどのように充実させていくかは、私たちの今後の活動・活躍次第だと思っています。多くのひとにニューフェイスの国家資格である公認心理師を知っていただき、日々の生活において直面するさまざまな問題解決のために、ぜひとも公認心理師を活用していただきたいと思います。

第2章 カウンセリングの役割

開業カウンセリングについて

ネット上で私のことを紹介する際に、臨床心理学者という肩書がつけられることがあります。それはちょっと困ると文句をつけたいところですが、面倒なので放置したまま一〇年以上が過ぎてしまいました。私は、自分のことを学者とか研究者だと考えたことがありません。研究者というのは研究を主たる仕事とするひとたちで、ふつうは研究機関（大学など）から給与をもらっているひとを指すと思いますが、私はこれまで一度もそのような経験がないからです。勤務先から賞与をもらったこともなく、三五年間、開業相談機関でカウンセリングを続けてきただけの人間です。その経験から見えてきたことを書いたり話したり、ときに論文化したりもしてきましたが、それはあくまで仕事以外のプライベートな時間を割いておこなってきたことにすぎません。これまでもこれからも、私の本務はカウンセリングを実施することだと思っています。

多くの同業者が、大学の非常勤講師を務めたり、大学の研究職のかたわらでカウンセリングを実施したりしています。口には出しませんが、心の中で、ずっとそれを「片手間」開業、

「片手間」カウンセリングと呼んできました。安定した収入を確保したうえで、ちゃんと臨床実践もやっていることを示すためなのか、はたまた「現場感覚」を失いたくないためなのか。開業とは、それを生業（なりわい）とし、いわば退路を断った状態を指すと考えています。経済的に自立することがどれほど重要かを強調したいと思います。

開業カウンセリングに専念する立場から、本を書いたり論文を発表し続ける心理職は日本ではまだ少ないので、研究者などと誤解されるのかもしれません。そのことを最初におことわりしておきたいと思います。

カウンセリングの対象は誰か

私たちは、あらゆるひとがカウンセリングの対象だと思っています。どんなひとでも、生きている限り苦悩があり、家族を形成していれば、そこに衝突や葛藤があるからです。クライエントになるには資格はいりません、何かに困っているのであれば。

しかし、具体的条件はいくつかあります。たとえば精神科医を受診中の方の場合は、主治医の紹介状が必要です。担当の精神科医が「そこのカウンセリングへ行っていいですよ」と承諾し、その証明として紹介状を書いてもらう。この手続きを踏まない場合は、残念ながらお断りすることになります。

その理由は、前章でも述べたように、医師の仕事と私たちの仕事の境界を設定したうえで連携・協力し、お互いをリスペクトしながらひとりのクライエントを援助していくためにです。Aクリニックへ通院しながらBカウンセリングへ行くのは個人の自由です。しかし、医者がカウンセリングのことを知らないまま薬を処方しているのは、当のクライエントの利益になるでしょうか。まわりくどいようですが、「先生、Bのカウンセリングを受けたいと思うのですが許可してくれますか」と聞き、「いいですよ、紹介状を書きますよ」という手続きを踏むことが大切だと思います。

中には「主治医の許可を得てください。できれば紹介状を書いてもらってください」と言うと「そんなことは言えません」と言う方もいます。たぶん、主治医の感情を害するのではないかと思うからでしょう。そのことで、主治医との関係がはっきり自覚できるはずです。また、精神科医から「今のあなたに必要なのはカウンセリングじゃないですよ」と言われた方は、私たちが一度お会いしても、同じ判断をする場合が多いことは言い添えておきましょう。

カウンセリングは言語を媒介とした関係を基本としていますが、それほど簡単なことではありません。カウンセリング料金はもちろんのこと、予約時間を守ってカウンセリングに来るだけでも大変な作業です。初対面のカウンセラーに自分のことを話すのも大きなエネルギーを要します。つまり、カウンセリングには一定程度の精神的健康度と、日常生活維持機能が求められることになります。うつ状態、幻聴、妄想などの精神科的な症状が顕著である場合、カウンセリングが必要か否かは医師の判断に従うべきでしょう。

また、別のカウンセリング機関に通っている人についてもお断りする場合があります。二か所のカウンセリングを同時並行で受けることはほぼ不可能だからです。中には黙って掛け持ちしている方もいますが、その場合も、いずれはどちらかを選択していくものです。

蛇足になりますが、精神科ばかりではなく、医療機関はどこでもかなり患者さんを待たせます。予約制なので時間を守って行ったのに、三〇分以上も待たされるという経験はめずらしくないでしょう。何のための予約なのか疑問に思います。しかし私たちのカウンセリングでは、予約時間を守ります。少なくとも私は、一〇分以上予約時間を遅らせたことはありません。もし延びたとしても、それは私というカウンセラーの責任なのであり、まずちゃんと「お待たせして申し訳ありません」と謝ることからカウンセリングを始めます。来談者に時間のロスをさせることはサービス機関としてありえないことだと思うからです。医療機関が「患者様」などという呼び名を使うのなら、まずはあの待ち時間をなくすべきだと思います。

精神科医療とカウンセリングの連携

精神科へ行くか、カウンセリングにするかと迷ったときには、まずカウンセリングを選んでほしいと思います。それは別に、カウンセリングが優れているからというのではありません。どちらのほうが選択肢が広いかを考えるからです。最初に精神科に行き、薬を処方されれば、薬を飲んでいれば安心できると思い、三分診療の精神科に通い続けるようになるかもしれません。もしもカウンセリングに来ていれば、薬を服用することなく問題が解決する可能性もあったでしょう。一部のクリニックを除いて、精神科では薬物療法が当たり前になっているからです。

私たちカウンセラーの仕事は、どこかプライマリーケア（地域においてそのひとのかかえる問題に総合的に対処できる医療）に似ています。来談者の問題を腑分《ふわ》けし、カウンセリングが必要かどうか、精神科受診のほうがふさわしいかどうか、精神科受診を並行する必要があるかどうかを判断します。さらにソーシャルワーク的な判断もしなくてはなりません。クライエントと並行して、親や配偶者の来談が必要な場合もあります。夫婦関係の問題であれば弁護士を紹介する必要も出てきます。このような総合的判断（これを「見立て」や「アセスメント」ともいいます）

を初回の一時間のカウンセリングでおこなう力が要求されるのです。これはプライマリーケアそのものだと思います。

うつ病でベッドからなかなか起き上がることができず、「やっとの思いでここに来ました」とか「電車に乗れないからタクシーで来ました」という方、眠れない方、昼夜逆転してしまっている方などは、やはり精神科医を紹介して投薬をしてもらう必要があります。統合失調症特有の幻覚・妄想状態や、強迫性障害の症状がある方もやはり精神科の受診をおすすめします。しかし、そうしたひとの中には、頑《かたく》なに精神科受診を拒否する方もいます。親やきょうだいの誰かが精神科病院で悲惨な死を遂げたといった痛ましい経験や、かつて受診した際にとても傷ついた経験をお持ちの方ほど、その意志は固いことが多いようです。そのような場合は、どうかかわっていけばその方が精神科を受診できるようになるかが、当面のカウンセリングの目的になったりします。

いっぽうで、医療機関からカウンセリングを紹介される例は年々増えています。複数の精神科医が、私たちの仕事を理解したうえで患者さんを紹介してくださるのです。週に何人もの紹介をいただく場合もあります。このような経験から、カウンセリングの仕事は精神科医療の敵でもなく配下でもなく、むしろイコールパートナーとして、共存共栄をはかっていける関係ではないかと考えています。

カウンセリングは診断しない

カウンセリングは、まず電話の予約から始まります。受付の第一声は「どういうことでお困りですか?」と聞くことから始まります。そのときに「神経症です」「人格障害です」などと診断名を使うひとはあまりいません。むしろ「ちょっと娘が……」とか「子どもがひきこもっていて……」「夫婦関係のことで困っています」といった「誰かの問題」が多いのです。その方たちは、すでに精神科医療とカウンセリングの違いをわかったうえで選んでいるのかもしれません。家族の問題をあつかっている機関はそれほど多くないからです。自分がうつや神経症だと思えば「病院へ行こう」と判断するでしょう。病名が思いあたらない場合、たとえば「なぜだかわからないのですが、仕事が長続きしなくて……」などのような問題が、私たちのカウンセリングの対象になるのです。

私たちは診断をするわけではありません。仕事が続かないのは何の症状なのかと考えるわけではないのです。仕事が続かないという問題を一緒にあつかっていくのです。間違っても「あなたはうつですね」などという言葉は言ってはいけません。診断は医者がするもので、私たちの役割ではありません。中には、ときどきその禁忌を犯して「あなたはボーダーライン(境界性人格障害）ですね」などと言ったりするカウンセラーもいるようですが、少なくとも私たちのセンターではありえないことです。非医療モデルの原則からは、病いではなく問題ととらえること、治療ではなく解決にむけての援助をすることがカウンセラーの仕事だと考えているからです。医師には医師にしかできない仕事をしていただくことで、カウンセラーは非医療モデルに立脚して仕事ができるのだと思っています。

カウンセリングの対象は本人でなくてもいい

カウンセリングの特徴のひとつは、本人だけではなく家族も対象にできることです。保険診療ではこれは不可能でしょう。中には、家族に診断名をつけて受診をすすめる医師もいるようですが。

たとえば「息子が暴れています」と精神科へ行ったところで、原則的には精神科医は何もできません。健康保険は原則的に本人にしか適用されないからです。医療モデルに依らず、保険診療の適用外であるからこそ、家族を対象にすることができます。私たちはまず、家族の中で一番困っているひとに会い、そのひとの対応を変えていきます。それを家族への初期介入といいますが、緊急の場合は欠かせない対応です。たとえば、これから自宅に戻れば息子に殴られるかもしれないといった母親への対応指示です。自宅に帰らないようにするにはどうしたらいいか、ビジネスホテルを使うか、病院への入院を選ぶか……などの判断を迫られるのです。

本人と家族の対立

一九九〇年代に入ってから、人格障害という言葉が一躍流行語になりました。薬があまり効かないどころか、医師の指示にも従わない、それでいて生命の危険をともなう行為も多い。リストカットや飛び降り、大量服薬（オーバードーズ）などの自殺企図が頻発します。医師はふりまわされてしまい、どうしていいかわからないような事例が一斉に増えてきました。このひとたちは、外来の精神科医療では対処が非常に困難です。薬で興奮を治めるなどの薬物療法にも限界があります。一番いいのは入院治療といわれていますが、本人が入院を拒否したり、病院側から拒否される場合もあります。その場合、鍵を握るのは家族です。

手首を切ったときに何と言葉をかければいいのか、飛び降りそうな娘を取り押さえてから、どんな言葉をかけたらいいのか。これらは周囲の家族の切実な問いかけです。人格障害の患者さんに医師たちが手を焼くよりずっと前に、家族は手を焼いているのです。

私たちの大きなターゲットのひとつが、そのような家族です。夫や娘や息子の飲酒や暴力にひたすら困り果てている母（妻）たちは、どこに行ってもなかなか援助されません。彼女たちを援助することで、連鎖的に本人が回復していく例をいくつも私は見てきました。べったりくっついて監視するのではなく、かといって放り出してしまうのでもなく、微妙な距離を保ちながら、必要な場面で必要な発言をすること。これはどの本にも書いてありません。親が援助を受けながら、勇気を出して対応を続けることで、本人も命を失うことなく回復していく場合もあります。

私たちは、何よりも一番困っているひとをターゲットに援助することを心がけています。そのためには、経験に裏打ちされた知識と将来の見通しをもっている必要があります。往々にして、困っているのは本人ではなく家族であることが多いものです。アルコール依存症などはその典型で、飲んでいる本人は酒をやめたくない、家族は酒をやめさせたいという対立した構図が一般的です。アルコール依存症の治療から仕事をスタートさせたせいか、私はいつも「誰が一番困っているか」を考える癖がついています。

動機のないひとたち

本人でなくても、困っているひとがカウンセリングの対象なのですから、さまざまなひとがカウンセリング場面に登場します。中には「妻が行けと言うから来た」と、中年の男性が来る場合もあります。アルコールでも薬物でも、そういうひとはたくさんいます。動機がそれほどないのに、カウンセリングに来ることが何かの条件になっている場合などです。

アルコール依存症や薬物依存症で、「カウンセリングに行けば親がお金を出してくれるというから来た」というひとはめずらしくありません。DV加害者の場合は、DVをやめるためではなく、妻に戻ってきてほしいから来談するのです。

そのひとたちも、とても大切なクライエントであることに変わりはありません。私たちは「自分を変えたい」「自分の問題に取り組みたい」といった動機の高いひとだけを対象にしているのではなく、いやいや来る方も、ちょっとようすを見てみよう、一回だけとりあえずという方も対象にしています。ほんとうは絶対に行きたくないのだけれども、親から「あそこへ一度行ったら、ギャンブルの借金を代わりに払ってやる」と言われて来る方もいます。「原宿へ買い物に行こう」と誘い出され、「ちょっとこのビルへ入ってみよう」とだまされて連れてこられた方もいます。しかし、これこそが大切な第一歩なのです。とりあえず入り口から足を踏み入れることからしか何ごとも始まりません。

このような、動機のないひとたちをどうやってつなげていくか、ということも私たちの仕事です。依存性やアディクション（嗜癖）の援助現場では「動機づけの理論」がさかんに言われるようになっています。

わかりやすく解説すると、変化の動機があるかないかという二分法ではなく、動機を五段階に細かく分けてとらえるのです。変化への抵抗も、すでに動機としては成立しており、その抵抗をどのように生かしていくかを考えるのです。彼らの抵抗を抑えつけるのではなく、むしろそれを使って「では、どうなりたいと思っているんですか」と尋ね、私たちが彼らの目標に対して協力関係にあることを強調するのです。こうして、あくまで強制せず否定せず、彼らの動機づけを少しずつ高めていくのです。どの点で協力関係が結べるかはそれぞれ個別的ですが、かならずそれが見つかるものです。なぜなら彼らだって、このままでいいとは思っていないのですから。

これがどういうところで使われているかというと、刑務所における性犯罪者の処遇プログラムやDV加害者の更生プログラム、薬物依存症者の再発防止プログラムなどです。刑期を早く終えるために「反省します」と言っているだけであったり、「薬をやって何が悪い」と言っているひとたちに、どうやって変化の動機づけをしていくか。司法領域における矯正教育と大きく重なる方法論といえますが、私たちのカウンセリングは、そこまで範囲が広がっていることになります。

コンビニほどにカウンセリング機関を

「カウンセリング＝コンビニ」論というのが私の持論です。コンビニの数ほどカウンセリングの場が必要だということです。どうしてそんなことが言えるのでしょうか。理由はいくつかありますが、ひとつは家族機能の補完だと思います。少年による凶悪な事件が起きるたびに、家族の役割が強調されます。ひとびとが安心できる居場所の必要性が強調されているのに、学校や地域コミュニティの包摂力は明らかに低減しています。結果的にすべてが家族に押しつけられ、家族の役割だけが突出して強調されることになります。そんな力は家族にはないのでは、と私は思っています。

家族の力とは何でしょう。じっくり考えると、その多くが女性（母・妻）に支えられていることに気づかされます。そして、彼女たちを支えているのが実は子どもたちであることを、

「アダルト・チルドレン」という言葉とともに実感しています。母の不安や母の悲嘆を、自分のせいではないかと背負いこんでいく「いい子」たち。最終的には子どもにしわ寄せがくるような「家族愛」「絆」の強調は、有害ですらあると思っています。

とすれば、家族機能（つまりはそれを支える女性たち）を補塡・補完する必要があるでしょう。あらゆるもののしわ寄せの場になっている家族を、背後から支える役割をカウンセラーが担うことは可能ではないでしょうか。とうてい家族だけではやっていけない、私ひとりが我慢すればいいと思っていたがもう限界だ……となったときに、それを支えるものが必要なのです。

私は、そんな家族は要らないと主張しているわけではありません。家族の脆弱《ぜいじゃく》さ、限界を認めるところから、新しい可能性が生まれてくると思います。そこを私たちが支える、その報酬として料金をいただく。これもひとつのサービス業ではないでしょうか。宅配便だって引っ越し代行業だって、みなそのようにして生まれたサービス業でしょう。

カウンセリングは崇高で意味深いものだなどと、声高に主張するつもりはありません。むしろ手軽で身近にある、ひとつのサービス機関として機能したいと思っています。問題が深刻化する前に、信頼できるカウンセラーに相談することで、早期発見・早期対応が可能になるのではないでしょうか。ビジネスの場で語られることの多い「リスクマネジメント」と同じことだと思います。危険度を予知して、リスクを低減させるような対応をすること。そんなカウンセリング機関がたくさんあればいいのに。これが「カウンセリング＝コンビニ」論を支える私の願いです。

第3章
カウンセリングの基本

「こころの問題」を人間関係に戻していく

「うつ気味なのです」と訴えるクライエントはめずらしくありません。また「不安が強くて」という方もいらっしゃいます。「では、うつをどうしましょうか」「不安を取り除くには」と私たちは言いません。うつや不安という訴えは、そのままではカウンセリングの対象にはなりにくいというのがポイントです。それを症状ととらえるなら、精神科医療の対象になるからです。不安とかうつというのは氷山の一角であり、水面から出ている部分にすぎません。だからといって、根本的な原因を探らなければならないというわけではありません。私たちは、そこを入り口にしてさらに質問をします。

「どんなときにうつっぽいですか?」とか「いつごろからうつっぽいですか」「うつがひどくなったり、和らいだりするときがあると思いますが、どんなときは楽ですか?」といったように。すると、かならずそれにまつわるいろいろな人間関係やエピソードが語られます。

「月曜の朝がとくに」とか「土日はそれほど……」という場合は、明らかに職場にまつわる問題であることがわかります。さらに「上司はどんな方ですか」といった質問を重ねると、とても具体的な話になります。

このように、最初に問題とされた、症状であるかのようなひとつのキーワードを手がかりに、背後にある人間関係に問題をシフトしていくのです。私はこれを「関係還元的」な作業と呼んでいます。

たとえば、ある女性の会社員が「これはトラウマの後遺症ではないかと思うのですが……」と言ったとき、「そうですか、どんな症状ですか?」と聞くのではなく「どうしてそう思われますか?」とか「どんなことがトラウマになっていると思いますか?」と聞きます。

すると、そこから話が展開して、たとえば「自分のセールス先のお客さんと仕事上どうしても飲みに行かなくてはいけなくて、行った先でセクハラをされた」といった具体的経験にたどりつきます。「会社のお得意様なので上司には言えないし、また取引上、三日後には会わなくてはいけない」というような話が出てきます。実はそれこそが一番の問題なのです。「トラウマ」とか「うつ」というのは、それらの経験の総体が日常生活を阻害しているととらえたとき、その「悪者」につけられた名前にすぎないのです。

カウンセリングのポイントは聞くことよりも質問にある

カウンセリングというと「話を聞く」というイメージがとても強いのですが、それは、1章で述べた三つの潮流のひとつであるロジャースによる来談者中心療法の影響が大きいからでしょう。カルチャーセンターでおこなわれているカウンセリング講座、ネット上でカウンセリング機関が開催している講座などの多くが、ロジャースによるカウンセリング理論に立脚していると思います。そこから出てくるイメージは、「受容」であり「やさしさ」であり、さらには「共感」という美しい経験でしょう。私のことをわかってもらえた、という経験を得られることは、確かにうれしいことかもしれません。

私がはじめて会う方に「カウンセリングを職業にしています」と言うと、みなさん驚かれるようです。「カウンセラーというのは、もっとやさしいひとかと思った」と。私の場合、ほとんどそういう反応をされるので、もう慣れてしまっているのですが。驚かれるということは、「はい、はい」とやさしく相づちを打ったり、内容を復唱してくりかえしたり、「大変でしたね」と親身になって共感してくれるのがカウンセラーだと多くのひとが思っているのでしょう。それはカウンセリングのひとつの流れではありますが、それだけではカウンセリングの料金に見合った援助とは言えません。かなり前になりますが、代々木公園に、ただ黙って話を聞いてくれる「聞き屋」というボランティアのひとがいましたが、ただ聞くだけならそれと同じです。

カウンセリングで大切なのは、聞きながら私がどこまでそのひとの問題をリアルにイメージできるか、ということ。つまり、私が納得できるまで聞くということなのです。相手が納得することよりも、まずカウンセラーの私が納得できるように聞くことです。共感はその結果として生まれるものであり、必要条件ではありません。感情レベルで寄り添うのではなく、頭で、論理で組み立てること、それにともなうイメージを描くことを心がけています。クライエントの苦しさに共感することよりも、苦しみの背景や混乱を質問によって聞き出し、カウンセラーの私がそれを構造的に組み立てて「なるほど、こういうことなんだな」と了解できるまで聞くのです。そのために必要なのが、こちらからの質問です。

実は、カウンセリングの一番のポイントは「質問」なのです。何を聞くか、どのように聞くかでカウンセリングの流れは大きく変わります。黙ってうなずきながら聞いているだけなら誰でもできます。

クライエントの中には、息つぎもせずに長々と話す人もいます。そういうときは、そのひとがちょっと息をついだ瞬間に、パッと割って入って質問をします。「そのときに、あなたは具体的にどんな言葉を聞いたのでしょうか?」といったように。それがあまりに不自然であっては、聞かれたほうも鼻白むでしょう。ここを聞いてみたい、あなたの話に関心をもって聞いていると質問したくなった、という姿勢はクライエントに伝わるものだと思います。このように、私の実践しているカウンセリングは実に積極的だといえます。

イメージ、像、さらにはクライエントがここに至るまでの物語が、カウンセラーである私の中で形成され構成できないと、援助のプランも立てられませんし、介入もできないでしょう。その方の置かれた状況に対して、次に私がどのように指示したり支援するかという方法や戦略(strategy)が立てられないのです。このようなイメージ・像・物語をつくることを「見立て」といいます。「見立て」は英語でいうアセスメント(assessment)にあたり、医療では診断にあたるものです。「このひとの置かれている状況はどんなものか」「このひとはなぜここに来なければいけなかったのか」ということを、私というカウンセラーの頭の中に明確な輪郭をもってイメージすること、そして、そのイメージ、輪郭を相手と共有することがアセスメントなのです。

「母親を殺してしまうかもしれない」という主訴

ひとつの具体例を出しましょう。もちろん細部はプライバシーに配慮して変更しています。

三五歳の男性は、「母親を殺してしまうかもしれない」という主訴でカウンセリングにやってきました。彼は独身ですが、これまで紆余曲折を経て生きてきました。ある名門大学を中退してから、職場を転々とし、ときには肉体労働をしながら生きてきました。通信教育でなんとか大学卒の資格をとり、その後夜間の大学院に入ります。その間も昼間いろいろな仕事をしながら生きるのですが、人間関係がうまくいかず、どの仕事も長続きしません。宗教に入ったりもしましたが、いずれも効果がありませんでした。

家庭環境は母親と二人暮らしです。父親は公務員でしたが、アルコールを大量に飲む毎日で、定年を待たずに肝臓ガンがみつかり、二か月の入院ののち亡くなりました。父は、酔って帰ってくると母と彼に対して暴言・暴力の限りをつくしました。いまだに彼は、眠るときに電灯をつけたままでないと眠れません。暗くすると、酔った父に殺されるのではないかという恐怖に襲われてしまうからです。父のDVを受けていた母親は、一人息子の彼に対しては過剰な期待という重圧を与え続けました。息子が少しでも期待にそむくと「もう、死んでしまいたい」と弱々しげに泣くのでした。

母は、思春期になってからも息子と一緒に入浴する習慣を変えませんでした。大人の体型になった彼は入浴を避けようとしましたが、母はそのたびにため息をついて彼を操作したのです。そんな母に対して複雑な感情を抱くこともありましたが、それでも自分しか母を守れないと信じ切っていました。

ある雪の日、母親が転んで大腿骨《だいたいこつ》を骨折して入院しました。急いで病院に駆けつけた彼に向かって、母は「もう私が頼れるのはおまえしかいないんだよ」と言ったのです。言われた瞬間はそのとおりだと思い、違和感を感じなかったのですが、深夜の帰り道、不意に母へのわけもわからない怒りがわいてきたのです。

それまでも彼は、自分の人生がうまくいかないのはなぜだろうと考え、自分を変えようと努力してきました。しかし、母親がひどいと考えることだけは避けてきたのです。なぜなら、父も亡くなり、親戚も少ないなかで、独身の彼にとっては母がたったひとりの肉親だからでした。それが病院での母のひとことによって、ひっくり返ったのです。

幼少時からの強制的な勉強への追い立て、正座しか許されなかった勉強時間、勉強をしないと父親に殴られ壁にたたきつけられたこと、そのときだけは父と結託し協力した母、そしてあの不可解な入浴……。次から次へとよみがえる記憶の数々は自分でも驚くほどでした。それにともなって怒りがわき、今度は母に対して怒る自分を責め、自分を傷つけたくなる。しかし何より困ったのは、わけもわからず母親を殺したいという衝動に駆られることでした。

母親はひょっとすると介護が必要になるかもしれない。そうなれば自分しか介護をする人間はいない。それなのに（あるいは、それだからこそ）母に対する殺意がわいてきたことが怖くなって、カウンセリングにやってきたのです。

ここまでの内容は、彼の語る内容を聞きながら私なりにイメージし、母と父の像を構築し、物語化したものです。カウンセリングでの彼との対話や質問がそれを可能にしたことは、言うまでもありません。

彼の言葉の中で私の胸を打ったのは、「こんな女を殺して犯罪者になるのはいやだ」というつぶやきでした。言葉には出しませんでしたが、私は心の中で同感だと思ったのです。

さらに次のような質問を続けました。

「お父さんはどうして亡くなられたのですか?」

「肝臓ガンで、五二歳で死にました」

これは十分すぎる情報です。アルコール依存症者の平均寿命は五二歳で、その多くは肝機能障害によるものです。

「お父さん、お酒は飲まれましたか?」

「飲みましたよ~」

「お父さんは、どんな酔い方をされましたか?」

「毎日のことでした。ひどい酔い方で……酒癖が悪かったんです」

「では、酔っ払って、あなたやお母さんに暴言を吐いたりとか?」

「暴言じゃないですよ、暴力ですよ、あれは！」

以上の質問と答えから明確になったのは、アルコール依存症で家庭内暴力をふるっていた父、殴られながら外では何でもない顔をし、平和な家族を演じていた母。そんな両親のたったひとつの共通点は、一人息子を東大に入れるという願いだったということです。彼がそれに従ってさえいれば、両親の利害は一致し、彼自身も安全だった。そうした家庭環境を生きぬいてきたことを私なりに理解できたのですが、それは彼の認識と一致しました。私とクライエントのあいだで共有された問題の構造と理解、それがアセスメントということなのです。決して一方的にカウンセラーがこっそり感じとり、解釈するものではありません。

経験を整理し、構造化する

話をするためには何かが意識化されていないとできません。私たちは普段、当たり前に話をしたり聞いたりしていますが、これはとても大変な作業なのです。「巨人が勝ったね」「阪神は負けたね」というような話はできるのです。けれども、自分が一番気にかかっていることとか、今まで「言っていいのかな、どうしようかな」と思っていたことを話すということは、とても大変なことなのです。文脈にならなければ話すことはできません。ですから、言葉を選んだり、迷ったりしながら話すことになります。

これはカウンセリングでも同じです。クライエントの立場からすれば、必死で話すのですから「このひとはどうでもよさそうに聞いているな」とか「ほんとうに興味をもって聞いてくれているな」ということはすぐにわかってしまいます。カウンセラーにとって大切なのは、関心をもって聞くということです。そうすると、彼らは「こんな話でもおもしろいと思ってくれるのか」と思い、もっと語ろうとするでしょう。そこで、私が「へえ〜」と感心したり、「ええっ!!」と驚いたりすれば、もっともっと語りたくなるでしょう。こうして経験の文脈化は起こります。カオスのような経験が、起承転結のある文脈になることで、経験が整理され構造化されるのです。

クライエントは、自分の問題や困っていることを、私というカウンセラーに理解してもらいたいと思い、整理し、言葉を選んで努力して話します。それを私たちがきちんと聞き、わからないところは適切な質問をすることで、少しずつ文脈化されてストーリーができます。ストーリー化されるということが非常に大切です。クライエントの語りのことを専門用語でナラティブ（narrative）といいます。カウンセラーの一連の作業は「クライエントのナラティブを聞き、ストーリー化する」と表現することができるでしょう。

質問とともにストーリーが変わる

ストーリー化されることで、クライエント本人が自分で気づくことがあり、それだけでカウンセリングが終わってしまう場合もあります。

「なぁんだ、こういうことだったのですね」「ああ、そうなんだ。話しながら自分でよくわかりました」というひとも中にはいるのです。問題の仕組み、自分の立ち位置に対するこのような気づきは非常に重要です。多くの苦しみの背後にある混乱は、これらがまったくとらえられなくなることから生じるのですから。この気づきがあれば、自分がどのような地点にいるか、周囲のひとたちとの関係がどうなっているかがぼんやり見えてくるでしょう。

「じゃあ、私はこうすればいいんですね」と今後の方向性が見えてくる方も、「いやぁ、よくわかりました！　よかった」と言って帰っていく方もいます。

しかし、多くの場合はかなりの時間をかけてカウンセラーの質問に答えながら、問題解決の方向性が見えてくることがほとんどです。

例として、不登校の息子のことでカウンセリングに来た女性を挙げましょう。高校一年の息子が、夏休みが終わってから一週間しか学校へ行っていない。彼女は、息子がこのまま不登校になってしまうのではないかと心配しています。

息子のようすばかりを詳細に話す彼女に対し、「そのとき、父親であるあなたの夫はどんなふうに思ってらっしゃるのでしょうか。想像してみてください」と尋ねます。すると、「えっ？　夫ですか？　全然……わかりません。夫は出張ばかりですので……」と、虚を衝かれたように彼女は答えました。その後はこんなふうに展開します。

「では、息子さんとお父さんとの関係は？」

「ひとことも話をしません」

「では、あなたは今朝、息子さんにどんなことをおっしゃったのですか？」

「部屋へ行って起こしました」

「息子さんはどんな反応をされましたか？」

「本を投げて『うるさい！』と言いました。おかげでドアに穴があいてしまったんです」

「それは大変でしたね。では、息子さんはそのとき何を考えていたと思いますか？」

「やっぱり、私の言い方がうるさかったんだと思います」

「そうですか、うるさがられたと思っていらっしゃるのですね。では、息子さんはお母さんにどうしてほしいんでしょう？」

「そうですね……黙って見守っていてほしいんでしょうか」

「では、これまではどうして黙って見守ってあげられなかったのでしょうか」

「あの……ついつい、そうなってしまうんですね。実は、夫の兄の子どもが昨年、東大に受かったんです。夫の母も高学歴志向で、孫を入れるなら六大学以上よね、とあの子が生まれてからずっと言われてきたものですから……」

「そうすると、あなたがどうしても息子さんに学校へ行ってほしいと思っている理由は何でしょう？」

「……私の見栄なんでしょうか」

「いろいろうかがうと、そう期待してしまわれることもよくわかりますよ。なにしろ親族の目は大きいですからね。ほんとうに大変だったと思います。息子さんもきっと大変だったでしょう。ところで、そんなときご主人は、どんなふうにあなたをかばってくれたのでしょうか」

「全然です。夫は自分の母親にはまったく抵抗できません。それどころか、姑《しゅうとめ》と一緒になって息子を追い立てるようなこともするんです。息子がこうなったのも、私の育て方のせいだと思ってるに違いありません」（涙を流す）

「そうしたら、息子さんが一番楽になって、学校へ行けるようになるには、どうしたらいいんでしょうか？」

「たぶん、世間体や親戚への見栄を捨てて、私がしばらく、一週間か二週間、黙ってご飯をつくって、見守っていることが一番いいと思います」

「ご主人にはどうしてもらいたいですか」

「今さら、どうしてほしいなんて期待はありません。どうせ無理ですから」

「そうですか、現実はなかなか変わりそうもありませんか……。では、まったくの想像で結構です。もしも奇跡が起きて、夫があなたに協力するよと言ってくれたとしたら、あなたはどんなことを頼みますか」

「そうですねえ、う〜ん……『私と協力して、息子に話しかけてほしい』ですかね」

「では、あなた自身にはどんな言葉をかけてほしいですか」

「『これまで、ほんとうに大変だったね』と、ひとこと言ってほしい」（涙）

「よくわかりました。これまで、あなたはたったひとりで息子さんの問題に取り組んでこられたんですね。それは大変なことだったし、その努力を自分に対してほめてあげましょう。現実には奇跡はなかなか起きませんが、今日帰宅されたらかならず、カウンセリングへ来たことをご主人に話してくださいね。それから、『いろんなことをあなたと相談して決めていきたいので、私を支えてください』と伝えてください」

この女性は、最初は息子が登校しさえすればいい、なんとか学校に行かせる方法を……と考えていたのですが、私からの質問に答えるなかで、彼女自身の息子への期待や夫婦間の問題へと焦点が移動しました。この女性はその後、半年かかって夫に協力を求め続け、夫もカウンセリングにやってくるようになりました。二人で足並みをそろえてかかわることによって、一時は荒れて暴力をふるいそうになった息子も、一年後には別の高校に転校し、その後元気に部活動にも参加するようになりました。

すべての例がこのようなわかりやすい経過をたどるわけではありませんが、質問がいかに重要か、クライエントの問題の立て方、ストーリーの構成がどのように変化するのかの参考にしていただければと思います。

親を殺さずにすむためには何が必要か

このようにして話が構造化され、ストーリー化されたあとはどうするか。最初に紹介した「母親を殺したくなる」という男性のケースを見てみましょう。彼が親を殺さずにすむためには、何が必要なのでしょうか。日常的に一緒に住んでいるわけですから、別に住むことはできないだろうか。彼に対して別居という提案をしてみました。母親と離れて住むことはできないか、と。しかし、彼は仕事が不安定で経済力がありませんので、一人暮らしはできません。親戚もほとんどいないので、どうしても一緒に暮らさなければいけない。

であれば、できるだけ母親と顔をあわせないようにするにはどうしたらいいかを一緒に考えました。彼は、帰宅時間の変更、帰宅後の食事の問題、ヘルパーの利用などを検討することにしました。次に、どうすれば彼が母親の身体にさわらないですむかについても考えました。その嫌悪と自責感が、しばしば殺意に転化してしまうからです。

「あなたが母親の身体にさわらないようにすることは、息子としてまったく恥ずかしいことではありません。殺すよりいいでしょう」、私はそう伝えました。間違っても「あなたもお母さんの子どもなのだから、やさしくしてあげ、できるだけ仲良くしましょう」などとは言いません。カウンセラーの私がそれを言ってしまったら、彼の母親への殺意は増すばかりでしょう。

私は、幼少時から虐待を受けてきた多くのひとたちに会ってきましたので、いかにひどい親が多いかということを知っています。しかし、たとえそうであっても、彼ら彼女らは、親が年老いたとき、子どもだから介護をしなくてはならないと思うのです。そして、いざとなると親にさわれない自分に気づき愕然《がくぜん》とします。「私は鬼じゃないか」とか「人として何かが欠落しているのではないか」と、深い自己嫌悪におちいるのです。

そんなクライエントに対して、私は「あなたは全然鬼じゃないですよ。そう思わせる親は、それだけのことをあなたにしているんですから。無理にさわらなくていいですよ。いまは介護保険もあるし、他人に代わってもらいましょう」と伝えます。そう言われると、不思議なことに、少しはさわってもいいかという気持ちがわいてくるひとはめずらしくありません。

日本という国で生きていれば、介護のためには親にさわらなくてはならない、それが当然だという常識が埋め込まれています。でも、親の身体にさわれない自分がいる、どうしたらいいのだろう、と悩んでいるひとに、さわらなくてはいけないという常識に加担する方向性を強化してしまったら、彼ら彼女らを否定し、さらに追いつめることになります。皮肉なことに、「親を大切にしなければならない」という常識が、彼ら彼女らの親に対する殺意を逆に強めているのです。

世間の常識からすれば、他人は「お母さんだって苦労したんだから、少しはわかってあげないと」と言うでしょう。しかし常識ではひとは救われません。そのひとがほんとうに殺したいと思うなら、殺意を催すだけの親子関係があったのでしょう。しかし、親を殺したら殺人ですから、殺した側が社会的な制裁を受けます。「あんな親を殺したために刑務所に入るよりも、殺さないでいるほうがまだましだ」と考えるのが現実的ではないでしょうか。そういう意味では、殺されないだけよかったというような親は、この世にたくさんいると思います。

もちろん、そんなことを話すと一般的には反発を招くので、普段はできるだけ言わないようにしていますが、子どもが親を殺した事件が起きると、カウンセリングにやってくる多くのひとたちはこう言います。

「親を殺した子どもの気持ちはすごくよくわかる、自分とまったく変わらない。けれども私は親を殺さなかったし、これからも殺さないでしょう。その一線は守っています。でも、なぜあのひとたちはその一線を越えてしまったのでしょう」

先の事例で挙げた彼は、その一線を越えないためにカウンセリングにやってきたのでした。そして、いくつかの方法を試み、最低限の接触ですむように日常生活のサイクルを変更しました。「親を殺したい」というひそかな彼の願望を、否定されることなく語ることのできる場があることで、彼はなんとか親殺しの犯人になることを免れたのです。

親子関係の常識の変化

「家族愛」にまつわる常識から、いち早く脱却しなければならないのがカウンセラーだと思います。それにしがみついていると、「母を殺したい」というクライエントの訴えにあわてふためいたり、子どもを虐待してしまうという母親に非難がましい視線を送ったりしてしまいます。いったん、どのような常識もとりはらうこと。そのような姿勢や懐《ふところ》の深さが要求されます。

とすると、カウンセラーという職業に必要な素養として、社会学や文学作品への精通があるかもしれません。(サディズムの語源となった)サド侯爵について、また村上龍や村上春樹などの作品を読んでいること。さらには、ジェンダー論や社会構成主義、マイノリティをめぐるさまざまな論説などを読んでいることが、家族の常識から私たちを解き放ってくれます。現実は私たちの想像力を超えるものですから、そんな現実を認識するためには、臨床心理学の言葉だけでは不足してしまうのです。言葉によって現実が構築されるとすれば、さまざまなできごとに対して新しい言葉をあてはめていくのも、カウンセラーの仕事ではないかと思います。

「親と子は仲良くすべき」という常識も、社会学的な観点による近代家族の歴史を知ることで、それは明治以降の歴史的構築物にすぎないという脱構築が可能になるのです。

政府が「愛国心」や「郷土愛」や「家族の絆」を強調しているのは、それらが揺らぎはじめていることを感知した危機感のあらわれかもしれません。旧来の常識を強調するのか、家族を外部から援助していくべきだと考えるのか。今はその大きな岐路に立っているともいえます。

私はもちろん後者です。歴史はもう昔には戻れないと思っていますから。むしろ、家族の問題が増えることを前提に、どう対応したらいいのか、リスク回避を考えるべきだと思います。

アメリカではすでに一九八〇年代からその方向に政策転換しています。家族の絆を強調するのではなく、公的資金の投入をしてでも家族を支えるという視点への転換が必要でしょう。

自分の意見をはっきり言う

「カウンセラーは自分の意見を言わないものだ」という先入観をもっている人が多いようですが、私は、言うべきときには自分の意見をはっきり言います。たとえば「あなたのおっしゃっていることに対して、私はこう思いますけど」とか、「やはりそうするべきではないでしょうか」というような言い方です。語尾を濁して逃げないことも大切でしょう。あいまいにして責任逃れをしているような言い方をするひともいますが、私は覚悟を決めて、はっきりと言います。

覚悟をしているかどうか、このカウンセラーは逃げるかどうかといった姿勢について、クライエントは厳しく判断をしています。料金を払ってカウンセリングに来ているのですから、そしてオーバーに言えば人生を懸けているのですから、カウンセラーを評価するのは当然でしょう。私たちは見立てをしながら、実は同時にクライエントから見立てられていることを忘れてはなりません。

カウンセリングを仕事にしながらずっと感じてきたことですが、クライエントの方々には言葉を超えた何かを感知されている気がします。それは私たちの姿勢であり、立場といったものでしょう。さらに、エネルギーのようなものもそこに満ちているのかもしれません。言葉の合間の時間、呼吸の数といった要素も大きいかもしれません。

だからこそ私は、最終的には「そのまんま」で覚悟を決めるのです。それが、クライエントを安心させるのかもしれません。私というカウンセラーはこれだけの存在です。それ以上ではありません。でも、今の私にできる限りの援助をしたいと思っています、と。言葉にならないこれらのメッセージがクライエントに伝わったとき、私たちはいっときクライエントから信頼を勝ち得るのだと思います。

もちろん、すべてのカウンセラーがそうだとは限りません。極論をいえば、百人いれば百通りのカウンセリングのスタイルがあります。しかし、カウンセリングにはプロとしての共通の最低ラインがあります。それは、絶対にお説教をしてはいけないということです。自分の意見を押しつけないというのは当たり前のことです。自分の意見を言うときには、かならず提案をして「自分の意見ではあるが、あなたに意見を強制してはいません。私の意見を言わせていただければ、こう思います」と言ったり、「こうしてみたらどうですか」と言うことが基本です。

聞くところによると、精神科医やカウンセラーでも、クライエントに向かってお説教をするひとがいるようです。それは私には驚くべきことです。私がここで述べている「自分の意見をはっきり言う」ということは、お説教ではありません。むしろ対極と言っていいでしょう。その意見をどうとらえるかは、クライエントに任されているのですから。

問題はいつも具体的である

私たちがかかわる多くの問題は、わかりやすい表現を使えば家族のゴタゴタであり友人関係のトラブルです。そのひとの内面の問題(こころの問題)ではありません。「カウンセリングはこころの問題をあつかうのではない」とくりかえし述べてきましたが、実は、内面的な「こころの問題」は、ひととの関係のゴタゴタとほとんど相似形で、人間関係の混乱が自分の葛藤になっていると考えることもできます。こころは独立しているものではなくて、かならず現実の関係の投影であり、分かちがたくつながっています。だから私たちは、家族のゴタゴタに名前をつけ、整理して、人間関係に還元した具体的な問題としてとらえなおしていくことが必要になります。

たとえば夫婦関係の問題であれば、今日カウンセリングから帰ったら、夫に何をどう伝えるかについても作戦を練らなければなりません。カウンセリングに来ていることを言うか、秘密にするかということも考えなくてはいけません。このように私のカウンセリングは、ほとんど作戦会議という一面もあります。

私が一番苦手としているのは、「私には主体性がありません」とか「私は人間として未熟なので、どうしたらいいでしょう」「自己肯定感が低いので、上げるノウハウを教えてください」といった訴えです。クライエント自身が問題を収斂《しゅうれん》して、抽象的な言葉やありきたりの概念で説明している場合は、もういちど問題を具体的に、関係還元的に戻さなければなりません。カウンセリングに「要するに」とか「まとめれば」という言葉は不要です。最後まで具体的な問題にこだわること、その些末《さまつ》な具体性から、はじめて抽象的な言葉の意味は変換されていくと思います。

夫に殴られた、浮気をされたといった問題は、この上ない具体性をもっています。だからカウンセリングではかえってあつかいやすいのです。ところが「夫からの暴力に抵抗できない、自己主張能力の足りない私」のように問題を抽象化し、パッケージにして「これをどうしたらいいでしょうか」と言われる場合は、それを質問によってもう一度分解して、具体的にする必要があります。

「人間的に未熟なので、私、成長したいんです」という問題の立て方をするクライエントが、実は姑からすごくいじめられていたり、息子が大学を出ても就職せず家にいたりする。現実に起きている問題を「どうしてこんななのだろう。私が未熟だからに違いない。もっと成長したい」と、自分の「こころの問題」へとシフトさせているのです。この場合は、むしろ姑や息子との関係こそあつかわれるべきであって、生々しい関係が浮かびあがるように、質問をくりかえしていく必要があります。私は、これらを関係還元的な作業と呼んでいます。

カウンセリングは、どんなことであれ、とりあえず困ったときに利用するものだと思っています。アメリカのように「右手に弁護士、左手にカウンセラーがいれば人生安泰だ」といわれるようになるには時間がかかりそうですが、少しずつそれに近い状況が生まれつつあるように思います。人生はいつもまっすぐ進めるわけではなく、ときどき大きな曲がり角や障害物に出合うこともあるでしょう。そんなとき、ちょっとカウンセリングを受けて軌道修正をしていけば、大きな事故にはならないですむでしょう。カウンセリングをそのように利用していただければと思います。

第4章 カウンセリングで何ができるか

「どんなことでお困りですか？」

私たちのセンターでカウンセリングを受ける際には、まず電話で予約を入れていただきます。そのときに、最初に発する質問は「どんなことでお困りですか？」というひとことです。これがすべてを象徴しています。「あなたがうつ病であろうと、あなたの夫がアルコールに依存していようと、あなたは何にお困りなんですか？」ということなのです。それを私たちは「主訴」と呼んでいます。精神科医の診断名と似ていますが、客観性を持たない点が異なります。医師の診断名は客観性を保証しますが、本人の困りごとはあくまで主観的なものです。その主観（困る）こそが重要であり、何に困っているかという「主訴」によって、そのクライエントを後述のように分類します。

たとえば、「甥が買い物に依存していて、三〇〇万円も借金ができてしまったようなのです。クレジット会社から請求がきたといって私の妹が困っています。どうしたらいいでしょうか」という相談の電話があったとします。

そういう場合、まず「どなたが一番お困りなのでしょうか？」と聞きます。

「そうですね……それはやはり、妹でしょうか」というお答えだとしたら、「では妹さんがこちらへ来られますか?」と聞くと「ちょっと遠いんです、仙台なので」。そんな答えが返ってきたときには「では、妹さんのことでお困りのあなたがまず、一回でいいからこちらへ来てください。そして、お話をして、今後どのようにして相談をすすめていくかを考えましょう」と、センターに来ていただきます。

病気か健康かという診断的な基準からみれば、誰が病気の本人なのか、誰が一番問題をかかえているのか、ということになるので、この例なら当然、借金をしている甥本人が来なくてはいけないということになります。しかし私たちは、主観的に困っている度合いが一番強いのは誰か、と考えます。重要な点は、問題行動を起こしている本人が一番困っているわけではない、ということです。この点がガンなど身体的な病気との大きな相違点です。本人にその気がなくても、周囲で困っているひとが来ることから始まるということが私たちの原則です。

本人も家族もクライエントになる

電話してくる方のなかには、自分の問題で来るひとと、家族の問題で来るひとがいます。

「対人関係がうまくいかないんです」という主訴の方も、「息子が三年間ひきこもって暴力をふるうのです」という主訴の母親も、クライエントとしては同じです。ただ、分類のときは「本人」と「家族」というように分けます。本人が現在の状態を変化させたくない場合は、周囲の家族を通じてさまざまな介入が必要になります。一番困っているひとを援助対象とするのは、なぜなら、困っているひとがもっとも変化への動機が強いからです。動機が強いひとから変化を起こし、徐々にその変化を波及させていく、という順序をたどるのです。

クライエントの主訴を分類すれば、さまざまな依存症、借金、ひきこもり、暴力、ハラスメント、家族関係トラブル、職場の人間関係、PTSD、トラウマ、AC、共依存、DV、虐待、性被害など実に多様です。これらを見てわかることは、精神科医療の診断名には当てはまらないひとが多く来ている、ということです。

たとえば、先ほどの甥の借金の問題でいえば、「甥の借金を心配している」という問題は現在の精神科医療の守備範囲には入ってきません。従来こうした問題をかかえたひとは、さまざまな宗教に吸収されてきたのかもしれません。近年では、病院や宗教につながる前にインターネットを検索するという方法が生まれました。借金やギャンブルなどのキーワードで検索すると、私たちのセンターがヒットして、それを手がかりにカウンセリングに訪れる方は年々多くなっています。

甥が借金をして……

困りごとが「甥の借金」の場合、カウンセリングにやってくれば何か借金をやめさせるいい方法を教えてくれるのではないかという期待があるのでしょう。ですが、そんな便利な方法はありません。あれば私たちも知りたいくらいです。では、カウンセラーはどのようにかかわるのでしょうか。

まず面接室に入っていただき、とりあえず現在の大まかな家族関係を聞き、クライエントの知る限りの問題の経過を簡単に話してもらいます。「借金の問題がはじめて発覚したのはいつですか?」とか「生活費はどうしているんでしょう」「仕事に就いていますか」というようなことを、時間経過にそって聞いていきます。こちらはまず情報を得なくてはいけないので、最低限のことを聞いていきます。

具体的に何が起きていて、これまでどのように対処してきたか、どういう経過をたどってきたのかということを、カウンセラーの私がまずイメージとして形成し、ストーリーを構築する必要があります。何に困っているかという主訴から出発し、カウンセラーが「見立て」をするにあたり、ストーリー構築がその見立ての重要な柱になります。そのことで、そのひとに対する将来的な見通しができるのです。

それにともなって、「どのようなサービスを提供したらいいのか」「どのような介入が必要か」「それはいつなのか」といったことが明確になってきます。現在の状況をどのようにしたら変化させられるか、そのために必要な積極的援助を「介入」と呼びます。それには緊急度の高い判断が必要になります。

とくに暴力がからむ問題の場合、カウンセリングの直後から被害を防がなければならないのですから、かなり緊急度の高い危機介入が必要とされます。また、たとえば借金をせがまれたとき、拒絶すれば放火するといった脅しをかけられる場合もあります。そんなときには、当面の対応を指示しておくことも必要とされます。

「甥の借金」の事例の場合、伯母であるクライエントに基本的な対応を説明します。借金の尻ぬぐいのためのお金を出さない、クレジットカードは返してもらうこと、周囲の家族が対応方針を一致させることの重要性……などです。そして、本人の母親(クライエントの妹)がカウンセリングに訪れるまでの仲介があなたの役割です、と伝えてパンフレットを渡します。「妹さんがカウンセリングにやってきた段階で、あなたの役割は半分終わりますが、今後も妹さんを支えてあげてくださいね」とも伝えます。

「よくいらっしゃいましたね」

すでに述べたように、私たちカウンセラーにとって一番大切なことは質問のしかたです。しかし多くの場合、私たちの質問より先に、クライエント自身が私たちを質問攻めにすることのほうが多いようです。

たとえば、息子が学校へ行けなくなったまま、ひきこもって二〇年が経つ母親の場合（主訴は「ひきこもり・母」）を例にとりましょう。

カウンセラー「今日ここに来ることを、息子さんにはお話しされましたか」
クライエント「いえ、話なんかもう何年もできていません」
カウンセラー「あぁ、そうですか。なるほど……。では、最近あった一番大きなできごとといえば何ですか？」
クライエント「四日くらい前、いつもは部屋にひきこもっているのに、たまたま息子と私がトイレで会ってしまったんです。息子は昼夜逆転で、夜に起きているものですから、同じ家にいてもめったに顔をあわせないのですが。そのときに、私は息子が怖くて思わず逃げ出してしまったんです。私がそんなことをしてしまって、息子は傷ついてますますひきこもりがひどくなったりしないでしょうか」

カウンセラー「あなたが怖かったのは当然ですね。ですから逃げ出したのはまったく悪いこととは思いません。ただ、あなたが逃げたことで息子さんがどんなふうに感じていると思われますか」

クライエント「どうせあの母親は、そうやって俺の顔を見るといつもビクビクしているくせに、いざとなると非常に冷たいことを言ったりする。俺がひきこもっていることにも、あれこれ画策して、なんとか部屋からひきずりだそうとしているにちがいない、と思っているのではないでしょうか。あの子はもう三四歳にもなっています。青春もなく、昼夜逆転で夜だけ起きている息子を見るのはたまりません。あの子があんなふうになったのは、私が忙しすぎて、小さいころから愛情をかけてやれなかったせいだと思います。私が変わることで、なんとか息子を外に出すことができないでしょうか」

私のせいであの子はああなってしまった、私の育て方が悪かったのだと口にする方々は、実はカウンセラーから「そうじゃないですよ」と言ってほしいのです。カウンセリングに来る目的として、表向きは「どうやったら息子を外に出せるか」ということが率直な願いとしてあります。しかし、もうひとつの目的は「こんなに自分が一生懸命やってきたのに、誰も認めてくれない」と訴えたいのです。義母からもいろいろ言われ、親戚には言えず、夫からも協力は得られない、そして息子からは責められ……と、ほんとうにそのひとは孤立無援です。それに対して、カウンセラーから「お母さん、よくやってきましたね」と言ってほしいのです。多くの母親たちは、そういう二つの理由でカウンセリングに来るのだと思っています。

私たちはそのひとの努力をきちんと評価しなくてはいけません。「よくいらっしゃいましたね」と言ってあげなくてはいけないのです。これはくりかえし言う必要があります。彼女たちが誰かに支えられることなくして事態は好転しないでしょう。なぜなら、孤立無援の彼女たちを支えているのは、奇妙なことに、ひきこもっている息子自身だったりするからです。あるいは、摂食障害の娘を持つ母親の一番の話し相手は、当の娘であるといったことはめずらしくありません。

だからこそ、カウンセラーである私たちは、母親から信頼されるために、彼女たちを責めることなくねぎらい、支えるのです。

「ひきこもっている息子を外に出させる方法がありますか」という問いには、次のように答えます。

「はっきり申し上げて、そのような手法はありません。そんな手法があったらすでに誰かがやっていますよね。あるとすれば、息子さんを縛って連れて行って監禁するような方法ですね。それもひとつの対応だと思いますが、私たちは、そんなことを絶対に認めることはできません。とすれば、ご両親がまず協力して、息子さんがひきこもっていることをどうとらえるかという理解を一致させることです。そして、息子さんがちゃんと自分で生きていけるという力を信じて、日々の細かい対応を変えていくことで、息子さん自身もひきこもりから脱出できるかもしれません。そういう例を私は経験しています。

そのためには、まず勉強していただきたいと思います。ただ、その勉強とは、今ここで三〇分お話をして『Aをやりなさい』『Bをやりなさい』といったハウツーではありません。家族の成り立ちから、ひきこもりの問題とは何か、親子関係とは何かといったいくつかの項目について、まずは必要な知識を身につけていただかなければいけません。そのような教育プログラムに参加して、私たちのカウンセリングの基本方針を勉強していただきたいのです」

このように説明して、教育プログラムに導入します。教育プログラムというのは心理教育のひとつで、学習というかたちでその人の認知を変えていくものです。同時にここで、私たちのカウンセリングの基本的方針を開示していきます。医療におけるインフォームドコンセントとも似ていますが、クライエントの方々に援助の内容を公開するのです。教育プログラムは、質疑応答も含めて、主に講義形式でおこないます。

その後は、個人カウンセリングと並行してグループカウンセリングにも参加してもらいます。グループと個人カウンセリングを併用するという方法が、私たちのカウンセリングの大きな特徴です。担当者はそれぞれ異なりますので、グループの担当者と個人カウンセリングの担当者が密に連絡しあい、クライエントの変化を共有するのも日常業務です。

部屋の中で一対一でおこなう個人カウンセリングは、クライエントと担当カウンセラーとの関係の基本です。それに加えて、とくに家族関係などの問題の場合は、グループカウンセリングを用いたほうがはるかに効果が見込めることがあります。

セクハラがきっかけで仕事がうまくいかない

ある女性クライエントは、「人間関係に困っている」という主訴でカウンセリングにやってきました。このような主訴の場合、話を聞いていくと、具体的な被害経験が背後にあることはめずらしくありません。できるだけ内容を具体的に聴きながら、彼女が困っているのはこれなのだという点にたどり着く必要があります。

カウンセラー「人間関係に困っているというのは、具体的にどんなことでしょうか」
クライエント「職種は営業なんですが、お客さんに接するときに、苦手なひとがいて……」
カウンセラー「どのようなときに苦手と感じるのでしょう」
クライエント「顧客に接待をしなければならないのですが、どうしても、お酒を飲む場面になるとだめなんです」
カウンセラー「接待だといつもだめなんでしょうか。それとも、何か特定の条件が重なったときでしょうか?」
クライエント「実は……二年前に、取引先の男性と食事をした後でタクシーに乗ろうとしたとき、セクハラを受けたんです」

質問するなかで、こういう話が出てくることはめずらしくありません。そのとき、あまり具体的にその内容を聞くことは避けたほうがいいでしょう。

カウンセラー「そうですか。それは大変でしたね。それで、それがどうして接待が苦手なことに影響しているんでしょうか」

クライエント「当時の上司にそのことを訴えたら、仕事をする上でそんなことで参っていたら続けられない、一流の仕事をするなら泣き言を言うな、と一喝されたんです。さらに、私の態度に問題があった、隙があるからこそそんな目にあうんだ、と言われてしまったんです」

カウンセラー「ええ〜っ。そんなことを言われたんですか。それはひどいなあ。セクハラをしたひとが悪いに決まってますよ。上司なら、そんな部下を守らなくちゃいけないでしょう。私はそう思いますよ」

ここで、カウンセラーがクライエントに味方しているという態度を明確に示す必要があります。相手が自分のことを責めるかどうかをクライエントは判断しています。

クライエント「それ以来、接待になると過剰に意識してしまって、どっと疲れたり、自分のどこかに隙があるのかと思うとドキドキしてしまって冷や汗が出たり、心臓がバクバクしたりして、同席した相手からも変な目で見られるようになってしまいました」

カウンセラー「なるほど。では、ここで何をお手伝いできるでしょうか?」

クライエント「上司と顔をあわせても、平静なこころで仕事ができるようになりたいです。それに、接待のときにももっと自然体で話したいです」

カウンセラー「では、そのために何が必要かを一緒に考えていきましょうね。私はあなたがそうなれるように協力します」

この女性の場合、過去のセクシュアルハラスメントの記憶と、その際に上司から受けた心ない言葉による二次被害が問題の背景になっていました。そのことをクライエントに伝え、冷や汗や動悸《どうき》が異常なことではなく、セクハラという異常な経験に対する「正常」な反応であることを伝える必要があります。そして、その記憶ゆえにフラッシュバックが起きていることも説明します。不安や動悸、冷や汗といった症状については、必要であれば精神科医を紹介しますが、それについてもクライエントの判断を待ちます。「そんなに私は重症なのでしょうか」と不安になる人もいるからです。

このように、カウンセリングとは具体的な問題に対する解決方法を探ることです。決して「こころの問題」だけではありません。

過去のつらい経験をくりかえし話す

カウンセリングのなかで、時には、自分が何をされたか、そのときどうだったか、ということをくりかえし話してもらうこともあります。過去にあった苦しいことをくりかえし他者に話すことで、不安や苦痛の度合いがだんだん下がっていくことがあるからです。

そういうときは、最初から「あなたにはつらいかもしれませんが、がんばって思い出して話すことができますか？」と伝えます。「それに意味がありますか？」と聞かれたときには、「苦しいことに蓋をして、見ないでおこうというのもひとつの方法です。しかし、ほんとうに苦しかった経験は、蓋をしてもずーっと残ります。むしろ、安全な場所で少しずつ、くりかえして話すことで、それに慣れていくことのほうが確実かもしれません。勇気を出して、まず一回だけ話をしてみましょう」と説明します。

そして、話してもらった後には、「話してみてどうでしたか？」と尋ねます。「あぁ、ちょっと楽になったような気がします。でも、後で落ち込むかもしれない」と言われたときは、「じゃあ、今日家に帰って、落ち込んだか楽になったか、自分を観察して、次回かならず聞かせてくださいね」と伝えます。過去のつらい経験を語るのは大変なことですから、語ってもらった後で「よく話せましたね」と、ねぎらう必要があります。

ある経験を語りはじめると、それにともなって、別のエピソードがつながって出てくることが多いものです。それと同時に、二次被害についても語られるようになります。「そんなことくらい我慢しなさい」と友人に言われた、「あなたにも悪い面があった」とカウンセラーに言われた……といった経験を二次被害と呼びます。

苦痛をともなう経験をくりかえし語り文脈化して、物語として再構築していくと、不定形のぼんやりした記憶やばらばらの記憶がまとまっていきます。このようにして自分の経験を外在化することができるのです。

カール・マルクスは、社会の下部構造を明らかにすることによって上部構造を認識できると言いました。同じように、過去の経験を何度も何度も話して、それを構造化・外在化することによって自分の経験を対象化し、もう一回とらえなおすことができるのです。それは、自分がその経験に圧倒されない存在になるということです。

これらの作業は、クライエントのこころに何か変化が起きたというより、クライエントと問題との関係が変わったということを意味するでしょう。問題にただ圧倒されていた人が、それを話すことで文脈化し、物語を再構築することを通じて外在化することができる。そして、問題を対象化してとらえることができるようになることで、その経験に押し潰されなくなるのです。

トラウマ的記憶とは

こうして文脈化し再構築することで、記憶が与えるインパクトはだんだんと下がってくるでしょう。こころの中に抑えているときは、ただ圧倒されて苦しくてたまらない記憶だったものが、何度も話すことによって対象化できると、その圧力が下がってくるのです。それにともなって、できごとのとらえ方や自己認知も少しずつ変わっていきます。

たとえば、子どもを突然の交通事故で亡くした親の場合、「どうして自分の子が死ななければいけなかったのか。なぜ自分は救えなかったのか」と毎日毎日考え、その挙げ句に「自分が子どもを殺したのではないか」という考えを抱いてしまうこともあります。それは、そのようにしながら、その苦しみの意味をつくり出し文脈化しているのです。ひとは、ある経験が無意味であることに耐えられません。言ってみればその親は、自分を否定してまで、わが子の死の意味づけをおこなっているのです。

よく「時間が経てば、どんなこともこころの中で整理できる」と言いますが、中には時間が経ってもまったく整理できず、生々しいままの記憶があります。その記憶のせいで、たとえば接待のたびに冷や汗が出るといった日常生活の障害が発生した場合は、トラウマ的記憶

（traumatic memory）と呼んでもいいでしょう。時間を経ても古びない記憶、過去にしたいのに過去にならず生々しいままの経験をトラウマ的記憶といいます。

この場合は、記憶の持つインパクトを低下させるための専門的な治療が必要になるでしょう。トラウマに対する治療としては、ＥＭＤＲ（＊1）とＰＥ（＊2）が知られています。双方とも基準を満たしたトレーニングを受けた専門家でなければ実施できないことになっています。厳密な実施方法に従わなければ、かえって危険な事態も予測されるからです。いずれの方法も、トラウマ的記憶に少しずつ馴化《じゅんか》していくことを基本としています。安全な場で実施しなければならないことから、かなりの専門的技量が要求されるのは言うまでもありません。

＊1　ＥＭＤＲ……Eye Movement Desensitization and Reprocessing（眼球運動による脱感作と再処理法）の略。眼球を左右に運動しながら過去の苦痛な記憶を想起することを通じて、ＰＴＳＤなどトラウマ治療に効果が実証されている。

＊2　ＰＥ……Prolonged Exposure（長時間暴露法）の略。恐怖を感じるイメージや事物、状況に対して、安全な環境下でくりかえし接することで馴化する手法。

アディクションアプローチとは

『アディクションアプローチ――もうひとつの家族援助論』（医学書院）という本を一九九九年に出版しました。アディクションとは嗜癖《しへき》、依存症を意味します。その内容について簡単に説明してみましょう。アルコール依存症の治療者は、一種独特な治療論を身につけなくてはなりません。なぜなら、アルコール依存症者にとっては、アルコールを飲むこと自体が一種の自己治療といった側面があるからです。とくに過去のトラウマ的な経験から、酔っているあいだは自由になれるからです。そのために、アルコールをやめたほうがいいと本人も思いつつも、やめることに抵抗するのです。結果として困るのは妻や子どもなどの家族であり、本人は相変わらず酒を飲み、酔いの世界で救済を求め、自己治療に励んでいるのです。しかし、そんな自己治療はそのまま自己破壊につながっていきます。このパラドックスが依存症の特徴といえるでしょう。

回復のためには断酒がベストなのですが、アルコールがやめられる薬の決定打はありません。薬物療法は副次的でしかありません。断酒に有効な方法として、自助グループへの参加があげられます。ときには、医療より自助グループのほうが断酒率がいいと言われることさえもあります。

アルコール依存が自己治療としての性格を持つことをお伝えしましたが、本人がそのサイクルを抜け出し、飲酒をやめる気になるために必要なのは「底をつく」ことだと言われています。つまり、本人が心底困る経験をし、本心からアルコールをやめたいという気持ちにならなければ回復はしないという考えです。

また、家族の愛情から発した行動が本人の飲酒をむしろ助長してしまうことを指す「イネーブリング」という言葉も、アルコール依存症の治療では広く知られています。家族からの愛情とかケアといったものが、逆に本人を破滅に導くのです。

まとめると、アディクションアプローチは、①本人より家族を重視する、②援助の限界設定（底つきの必要性）、③自助グループの重視（当事者との協働）、④ケアの有害性（イネーブリング）などを柱としています。これらは、いずれも従来の援助論の転換を意味しており、非常にラディカルな内容です。ケアや援助は正しい行為であるとか、専門家が当事者を導き治療するという援助の原則を転換させるからです。精神科病院の中にアルコール専門病棟をつくると、そこで働く看護者は、あまりに治療論が違うので、統合失調症中心の看護者や治療者と溝ができてしまうとさえいわれました。

私は一九七〇年代からずっとアルコール依存症の治療にかかわってきましたので、このようなアディクションアプローチが染みついてしまっているのかもしれません。精神科医療ができることと、専門家ができることというのは、ほんとうにわずかなのだという一種の限界が見えてしまっているのです。

四〇年近くにわたり、何百人というアルコール依存症者と出会ってきました。治療機関の中では優等生だったクライエントの多くが、退院後にスリップして、飲酒の果てに死んでしまう。そのいっぽうで、問題ばかり起こして「こんな病院にいられるか！」と逃げ出したひとが、一〇年も二〇年も断酒を続け、断酒会で活動している……こんな現実を日常的に見てきました。アルコール依存症の治療者は、ほとんど全員が「いったい自分は何をやっているんだろう」と一度は打ちのめされるのです。その経験をどのように生かすかに、とても意味があると思います。

私も「ええい、こんなことをしても意味ないじゃん！　やめてしまおう」と何度も思ったものです。グループカウンセリングに通いながらシンナーを全然やめなかった女性が、NA (Narcotics Anonymous) という薬物依存症の自助グループに通うなかでシンナーをやめられたという事実に出会うと、私たちはなぜカウンセリングをしているのだろう……と打ちのめされたりしたものでした。

私たちが競うべき相手は同業者ではなく、むしろ当事者なのだという拭《ぬぐ》いがたい意識が深くインプットされてしまっているのです。治療対象である患者・クライエントといわれるひとたち、つまり当事者の、私たちを圧倒する力の驚異を知っているという点で、アディクションアプローチはすぐれた援助論だと思っています。今となっては、アルコール依存症にかかわってきてよかったと、こころから思っています。

この一〇年間の変化

前項で述べた①から④の柱のうち、②と③に関しては、旧版から現在までのあいだに新しい変化が起きていますので、それを付記しておきましょう。

②の底つき理論に関しては、アルコール依存症の治療現場では、評価が変化しつつあります。この考えの危険性は、底をつかせれば断酒するという誤解を生む点にあります。多くの依存症者が、底をつく前に死んでしまうことはめずらしくありません。あまりに死のリスクが高いことから、九〇年代末以降の北米では「動機づけ理論」（54ページ参照）が主流となっています。また、薬物依存症を中心とした援助では、ハームリダクション（HR）の方向に舵を切る動きが日本でも強まっていますので、底つきからの断酒という固定した考えを変える必要があるで

しょう。

そもそも底つきとは、AA（後述）などの自助グループで断酒中のメンバーが、飲んでいたころを振り返り「今こうして断酒していられるのは、あのときにすべてを失ったからだ。あれが自分にとっての底つきです」などと遡及《そきゅう》的に（さかのぼって）語るときに使われた言葉だったのです。それがいつのまにか援助者や家族によって逆転させられ、底をつかないと断酒できないと考えられるようになったのです。

③の自助グループについては、二〇〇〇年代はじめから、北海道の浦河町にある「浦河べてるの家」で、ソーシャルワーカーの向谷地生良《むかいやちいくよし》が中心となり、アディクションの自助グループにヒントを得た「当事者研究」が行われるようになりました。そのような活動は、東京大学の熊谷晋一郎による「当事者研究」と合流して、今や精神医療だけでなく、地域精神保健や司法の世界にも広がりつつあります。

ギャンブル依存症への対応

アディクション、依存症は絶えず社会の変化とともにあります。最近、飲酒運転の事件が多くなってきましたが、急に飲酒運転が増えるはずがありません。アルコールに対する日本の政策転換の始まりなのかもしれません。日本では最近タバコ（喫煙）が厳しく制限されるようになりました。アメリカはむしろ、タバコよりもアルコールに対して厳しいといえます。未成年の飲酒に対しては年齢を証明するよう求められますし、フランスなどでは酔っ払ってフラフラしているひとはバーに入れません。社会の中でアルコール規制が厳しくなれば、家で飲むか、薬物に手を出すかということになるでしょう。もしかしたら日本もアルコールに対して厳しい世の中になっていくのかもしれません。そのことがアルコール依存症者の数を減少させるのにつながればいいのですが。

ギャンブル依存症の増加も、消費者金融の広がりと関連しています。かつての高利貸し、金貸し、質屋といったイメージが大きく転換し、明るい雰囲気のキャッシングという名前で気軽に借金ができるようになり、買い物依存症やギャンブル依存症が増加したのではないでしょうか。

たとえば、パチンコ業界と消費者金融は結託しているかのように思えます。郊外にある大きなパチンコ店の隣には、かならずと言っていいほど消費者金融の自動貸付け機が設置されています。ギャンブル依存症は、もちろん本人の問題ですが、いっぽうで社会的に生み出された問題でもあります。そもそも、返済能力のないような若者にまで簡単に貸すほうが悪いのではないでしょうか。不況の中でリストラされたひとたちが一攫千金を夢見て、あるいは定年退職後の男性たちが暇つぶしのために日課のように通うのはめずらしいことではありません。近年では女性も増加しています。パチンコの玉の出方も、昔と違って賭博《とばく》性や射幸性が非常に高くなりました。玉を一回買うのに一万円札が必要になるなど、昔では考えられません。

ギャンブル依存の問題でカウンセリングに訪れるのは、ほとんどの場合、親や妻などの家族です。きっかけは、消費者金融の請求書を偶然目にしてしまったという場合が多いようです。すでに述べたように、教育プログラムを通して依存症の仕組みや、家族の対応として必要なことをまず理解していただくことからカウンセリングはスタートします。

まず勉強してもらう理由は、これまでの家族の認知（考え方）を変える必要があるからです。アディクションアプローチの重要な柱である「ケアの有害性」の理解はとくに重要です。本人が反省したと言って、お金を立て替えてくれと泣きながら頼むので、子どものためだと思ってお金を出せば、ほとんどは次回のギャンブルの資金になってしまうのです。本人の尻ぬぐいは本質的なケアではありません。

いっぽうで、GA（Gamblers Anonymous＝ギャンブル依存症の自助グループ）の紹介などもおこないます。実際に依存症だったひとたちが、ギャンブルをやめて回復している姿を知ることは家族にとって何よりの希望です。ギャマノン（Gam-Anon）という家族・友人のための自助グループもあります。

依存している本人がカウンセリングに来るのは、すでに家族が先行してカウンセリングに来ている場合がほとんどです。本人が自分からすすんでカウンセリングに来ることはそれほど稀なことなのです。そのひとたちにも教育プログラムへの参加をすすめ、自分の生活を点検しながら、ギャンブルの引き金が何か、それを避けるにはどうしたらいいのかなど、ギャンブルをやめるための具体的な内容をカウンセリングの課題にします。

たとえば、仕事をしているときにはパチンコのことを考えていないが、会社が終わってどの時点でパチンコに行こうと決断するのか、パチンコ店の前を通らないようにするにはどうしたらいいかなどを点検するのです。自分の生活を細かくセルフウォッチングすることが重要になります。しばしば「自分は意志が弱いのだ」と考えているひとに出会いますが、アディクションは意志の問題ではないということも伝えなければなりません。


ギャンブル依存症については、二〇一六年にＩＲ（統合型リゾート）推進法（いわゆるカジノ法案）が成立したことで、一気にその防止策が政治の争点となりました。大型カジノ施設の設置は、各国でギャンブル依存症者の増加を招くという事実が報告されているので、遅まきながら日本でも予防、治療への対策がわずかに実施されるようになっています。

グループカウンセリングという方法

精神分析の祖であるフロイト以降、精神療法というものは基本的に一対一でおこなう個人精神療法を指していました。ところが、1章で述べた心理劇（サイコドラマ）を生み出したヤコブ・レヴィ・モレノ（Jacob Levy Moreno）は集団・グループで治療することを試みました。これが集団精神療法の出発点になっています。

古来の歴史をみれば、ひとびとのこころが身体から分離されてあつかわれるようになったのは、近代に入ってからのわずか二〇〇年足らずにすぎません。デカルト（Descartes, R. 一五九六～一六五〇）の心身二元論以降、身体の科学である医学と精神の科学が分離して発展することになりました。中世以前は、人と自然、こころと身体は画然と分離されてはいませんでした。もちろん、近代的自我・自己（self）は成立していません。ひとびとの救いは宗教でした。キリスト教や仏教は、日々を生きるために必須のものとして生まれたのです。もうひとつは演劇です。ギリシャ悲劇を見るまでもなく、ひとびとは演じること（それを見ること）を通して共同体の一部となり、ある種のカタルシスを得てきたのです。

作家であり精神科医でもあった、なだいなだは「同じ苦しみをかかえた人が複数集まったときに、宗教が発生する」（『神、この人間的なもの』岩波新書、二〇〇二年）と述べています。その苦しみというのは、心身未分化なものであったことは言うまでもありません。誰かが死に、誰かが病む。生老病死という人間の生につきものの苦しみから、宗教は発生したのです。そのことは、自助グループの発生や、集団精神療法の発生とその効果にも大きな示唆を与えてくれます。モレノは心理劇を実践しながら、その効果を確信しました。

モレノは演じることの効果に注目し、演劇の手法を精神疾患の治療に応用しました。新聞記事を素材にして、役割を決めて演じる方法は当時評判になったといいます。秘匿された場所ではなく、多くのひとが見ている公開の場での治療は、被治療者だけではなく観客にも同様の効果を与えました。

モレノのサイコドラマは戦後、松村康平と外林大作によって日本に導入され、現在では学会（日本心理劇学会）もでき、多くのひとがそれを実践しています。私たちのセンターでも月一回のサイコドラマセッションを実施しており、多くのクライエントが参加しています。

心理劇もそのひとつである集団精神療法には、さまざまな流派があり、基礎になる考え方や方法にはずいぶんと違いがあります。現在、日本では集団精神療法の多くが精神病院や公的機関などで実施されています。ただし、医療保険の点数との関係もあって、それほど多くの収益を生むわけではないようです。集団精神療法は、療法と名づけられているように治療、つまり医療モデルに基づいていますが、医療機関ではない私たちはグループカウンセリングという言葉を使っています。

サイコドラマ（心理劇）

サイコドラマは、もともと即興劇を使って心理治療をする方法でした。センターではクライエントを対象として、日本心理劇協会の協力のもと、月一回日曜日の午前中に実施しています。クライエントは劇に参加したり、それを見たりします。心理劇には五つの要素があります。心理劇の監督（director）、演者（actor）、見ているひと（observer）、そしてあまり聞き慣れない言葉だと思いますが、補助自我（auxiliary ego）というものがあります。これは、演者の補助をしながら、問題の解決を促進するように、劇の中でかかわっていく役割です。監督は全体に責任を負い、場面を変えたり、役割を転換したりする重要な役割を担います。

そして、もうひとつの要素は舞台（stage）です。モレノの創った舞台は円形で、三段になっています。その形状や高低のある領域を、モレノは〈過去・現在・未来〉や〈家庭・職場・一般社会〉などに見立てたり、フロイトのいう〈無意識・自我・超自我〉に見立てたりし、三段の舞台を効果的に使って、監督として自在に心理劇を展開したといわれています。

心理劇は世界中でいろいろな専門家が実践しており、数々の技法があります。

たとえば、Bさんは上司のAさんとの関係に困っています。上司Aさんが不機嫌に「おい、B！」と言った場合、Bさんはどうにかしてその言葉に反論したいのだけれども、失礼にならないように反論するにはどうしたらいいのかがわかりません。監督は「どなたかBさんになって、やってみたい方はいませんか？」「では上司のAさんになってみたい方は？」と観客に呼びかけて、Bさん役とAさん役のひとに出てもらいます。Bさん自身が観客として、舞台上での自分と上司のやりとりを見ながら発見することがあるかもしれません。たとえば、「あんな言い方があったのか」「上司もけっこう自信なさげだな」などのように。

次の場面では「では、Bさんには A さんをやってもらいましょうか」と提案します。Bさん役を補助自我のスタッフが演じます。Bさんは、その場の誰よりもAさんのことを知っているわけですから、リアルに演じるでしょう。Bさんは、自分の役割を他者が演じることで、自分の状況を距離をとって認識することができます。また逆に、上司であるAさんの立場に立つことで、Aさんの気持ちがわかることもあるでしょう。このようにして、自分の姿を他人の目で見ることで生まれる気づきは、心理劇特有のものです。

さらに次の場面で「Bさんと A さんの役割を交代してみましょう」と展開することもできます。これを役割交代、交換といい、心理劇ではしばしば用いられるテクニックです。

ひとつの場面が終わった後で、観客の感想と、演じた本人の感想を聞きます。演じた体験に加えて、他者からどう認識されたかを知ることもできます。このような気づき（認識）や洞察、さらに感情や情緒に裏打ちされた体験という、重層的な経験を生むことができるのが心理劇です。

もうひとつ別の例で見てみましょう。AC（アダルト・チルドレン）であると自認している、あるクライエントの課題は次のようなものです。

「今度、二〇年ぶりに親に会うのだけど、親にずっと言えなかったことを言いたい。でも、その場になると暴言を吐いてしまって、親からは『あんた、頭が変なんじゃない？』と言われるかもしれない。だから冷静に話せるようにしたいのだけど、どうしたらいいか」

心理劇は、課題解決のために多様な技法や場面設定を用いて実施されます。一番わかりやすい説明は「練習してみましょう」と表現することです。この方は、前もって心理劇で「練習」することで、親に冷静な態度で話すことができました。

心理劇の目的には三つあって、ひとつは、たとえば高齢者向け施設や精神科病棟などで、動いたり話したりするエネルギーのないひとにやる気を起こさせるような心理劇です。これを自発性開発中心の心理劇といいます。自発性を高めるために、楽器を使ったり照明を使ったり、人形を使ったりもします。

二つ目は、対人関係発展中心の心理劇といいます。それは人間関係のスキルを豊かにすることが目的になっています。どんな場面でも、どんなひとに対しても、それほど困らずに対応できるようになるには、心理劇がもっとも有効だと思います。私自身の経験からもそう思っています。いま広く実施されているSST（ソーシャル・スキル・トレーニング）も、元をたどれば心理劇に至ります。何より、やり直しがききますので、現実的で効果の明確な人間関係のトレーニングといえます。

三つ目は、課題解決中心の心理劇で、困っている問題や課題がはっきりしている場合の心理劇です。たとえばアルコール依存症者の妻の課題は、次のようなものです。

「入院している夫が今度、外泊で戻ってくる。そのとき自分はどういう顔をしたらいいのか。夫がお酒を飲むんじゃないかと怖くていつもビクビクしているのだけど、どのように対応したら夫も飲酒しないでいられるのか」

夫と子ども二人、そして妻の四人が、外泊した夜に夕食会をしている場面を設定して劇を展開します。頭の中では方法はひとつしかないと思っていても、心理劇でやってみると多様な方法があることを体験できます。

郵 便 はがき

料金受取人払郵便

本郷局承認

3935

差出有効期間
2022年1月31日
まで

(切手を貼らずに
お出しください)

1 1 3-8 7 9 0

473

(受取人)

東京都文京区本郷2-27-16 2F

大月書店 行

注文書

(裏面に住所・氏名・電話番号を記入の上、このハガキを小社刊行物の注文に利用ください。指定の書店にすぐにお送りします。指定がない場合はブックサービスで直送いたします。その場合は書籍代税込2500円未満は800円、税込2500円以上は300円の送料を書籍代とともに宅配時にお支払いください。)

書 名	ご注文冊数
	冊
	冊
	冊
	冊
	冊

指定書店名 (地名・支店名などもご記入下さい)	

ご購読ありがとうございました。今後の出版企画の参考にさせていただきますので、下記アンケートへのご協力をお願いします。

▼※下の欄の太線で囲まれた部分は必ずご記入くださるようお願いします。

●購入された本のタイトル	
フリガナ **お名前**	**年齢** **歳**
電話番号（　　　）　―	**ご職業**
ご住所　〒	

●どちらで購入されましたか。

市町
村区　　　　書 店

●ご購入になられたきっかけ、この本をお読みになった感想、また大月書店の出版物に対するご意見・ご要望などをお聞かせください。

●どのようなジャンルやテーマに興味をお持ちですか。

●よくお読みになる雑誌・新聞などをお教えください。

●今後、ご希望の方には、小社の図書目録および随時に新刊案内をお送りします。ご希望の方は、下の□に✓をご記入ください。

□ 大月書店からの出版案内を受け取ることを希望します。

●メールマガジン配信希望の方は、大月書店ホームページよりご登録ください。
（登録・配信は無料です）

いただいたご感想は、お名前・ご住所をのぞいて一部紹介させていただく場合があります。他の目的で使用することはございません。このハガキは当社が責任を持って廃棄いたします。ご協力ありがとうございました。

心理劇では、シナリオを書いたりしません。また、ある特定のひとり（主役とかプロタゴニストという）の問題を中心にどんどん深めていき、残りのひとはそのために演じるというものでもありません。泣いたり笑ったりすることもありますが、それを奨励するわけではありません。もっと日常生活に密着した、どこにでもあるような場面を展開していくのです。「今、ここで、新しく」を基本とした、参加者全員が等しく参加してよかったと思えるような心理劇なのです。

自助グループについて理解しよう

自助グループについてはさまざまな誤解も多いので、ここで少し説明をしておきましょう。先ほど述べたように、宗教は同じ苦しみをかかえたひとが複数集まるところから発生するのだとすれば、自助グループもまさにそのようにして生まれたのですが、宗教活動とは一線を画しています。中でもアルコール依存症の自助グループがもっとも有名なので、それについて述べます。

ＡＡ（アルコホーリクス・アノニマス）は、一九三五年にアメリカのオハイオ州の田舎町アクロンで、二人のアルコール依存症者が出会ったところから始まりました。ビルとボブ（ともに二ックネーム）の二人は、証券マンと外科医でしたが、飲酒問題によって社会的に窮地におちいっていました。ところが、なかなか酒をやめることができません。偶然出会った二人が、自分の飲酒についての悩みやそれにともなった失敗談などを話したところ、飲酒欲求が高まるどころか、その日は飲酒をしなくてもすんだのです。とにかく会って、飲酒にまつわる失敗や苦しみを語る、このような出会いを積み重ねることで、それまでほとんど毎日飲んでいた二人が、アルコールを飲まない日を重ねることができたのです。

ビルは、飲酒はもちろんのこと非常に強いうつにも悩まされており、主治医に定期的に受診していました。ビルがアルコールをやめられていることを聞いた主治医は、その方法を奨励し、応援することを約束しました。こうして小さな集まりが生まれ、そこでは本名を名乗らなくてもいいことから、アルコホーリクス・アノニマス（Alcoholics Anonymous＝匿名のアルコール依存症者たち）と名づけられたのです。

その後、多くの飲酒に苦しむひとたちがＡＡに参加するようになり、いまでは世界各地に広がり、数多くの命が救われているといいます。アメリカやイギリス、スペインなどの映画では薬物・アルコール依存症のテーマは当たり前になっていますし、ＮＡやＡＡのミーティング風景がドラマの中に登場します。日本でもＡＡのミーティングは、大都市ではほとんど毎日おこなわれています。

ＡＡの特徴は、長年の活動を経て、自助グループの柱とも言うべき一二のステップ（回復のための指針）と一二の伝統（グループの原則）を生み出したことです。一二のステップと伝統は、今ではさまざまな自助グループで用いられています。ギャンブル依存症のＧＡ（ギャンブラーズ・アノニマス）、薬物依存症のＮＡ（ナルコティクス・アノニマス）、過食症者のＯＡ（オーバーイーターズ・アノニマス）などです。

ミーティングは、基本的に依存症本人のみの参加でおこなわれます。中にはオープンミーティングといって、家族や友人が参加できる場合もあります。ビルの妻が始めたといわれるアルコール依存症者の家族・友人のための自助グループがAl-Anon（アラノン）です。さまざまな依存症は、本人よりもむしろ周辺の家族を巻き込み絶望におとしいれるので、家族のための自助グループは何より必要とされてきました。「今日一日」（One day at a time）、「気楽に行こう」（Easy does it）といった標語もＡＡが生み出したものですし、「底つき」（hitting bottom）などは、今や専門家のあいだで知らない人はいない言葉になっています。またアラノンで生まれた「手放す愛」（tough love）は、さまざまな家族問題の解決のために有効な言葉として広がっています。

ＡＡのミーティングの特徴は「言いっ放し・聞きっ放し」にあります。そうでない方法を用いるＡＡのミーティングもあると聞きますが、日本ではほぼこの方法が実施されていると考えていいでしょう。誰かが中心になって指導するのではなく、グループに向かって、ハイヤーパワー（自分を超える力）を信じて自分を語るのです。この独特のスタイルが、他のメンバーへの言及を防ぎ、グループ内での傷つきや摩擦を防止しているともいえます。

いっぽうで、日本で生まれたアルコール依存症の自助グループとして断酒会が存在します。昭和三〇年代、アルコール依存症で数々の失敗を重ねていた高知県の松村春繁が、主治医だった精神科医の下司孝麿の協力を得て始めたといわれています。彼は社会党から参議院議員に立候補した経歴を持ちますが、アルコールによってどん底まで落ちたにもかかわらず、同じ酒害者たちの集まりとして断酒会をつくったことで救われたのです。

今では全日本断酒連盟という組織となり、全国に支部があります。断酒会は例会への出席を基本とし、夫婦同伴で参加します。また明確な組織として、会費を納めることで運営されています。断酒の年数に応じて、一段から順次段数が増していくという方法は、長く酒をやめたひとが先輩になるという階層構造を形成し、それを断酒継続にうまく機能させている点が特徴でしょう。

いっぽうＡＡは、組織をつくらないので会員制度をとっていません。誰であれ、今日一日酒をやめたいひとがＡＡメンバーだとされます。会費ではなくミーティングの最中に回される献金箱に入れるお金によって運営されます。ＡＡのために働くひとはおらず、すべてが回復のための「サービス」とされ、事務所は「サービス・オフィス」と呼ばれます。

最近では、ガン患者や不登校の親などの自助グループも生まれており、「二一世紀は自助グループの世紀だ」とも言われています。専門家は専門家として、医療は医療として発展を遂げてきましたが、同時に医療ではどうしようもないものが残り、それがはっきりしてきました。その限界を突破するために、当事者どうしが生活に密着したグループをつくってお互いを支え合っていくことになるでしょう。病院でお酒をやめさせることはできませんでした。その意味でアルコール依存症は、もっとも早く精神科医療の限界をつきつけた病気でした。そこから必然的に自助グループが生まれたといえます。

同じように、ガンの治療の進歩によってその限界も見えてきました。さまざまなガンの患者会は今では当たり前になっています。医療の限界が見えてくればくるほど、さらにいえば医療が進歩すればするほど、自助グループは増えるともいえます。このように、自助グループというものは医療と微妙な関係にあるものだと思います。

自助グループというのは「当事者による、当事者のための、当事者のグループ」で、専門家は当事者ではないので参加できません。したがって私たち専門家は、自助グループに対して意見をもたないことが原則になっています。これは当事者との信頼関係のベースになっており、「あのグループはいいですよ」などといった評価はしないのです。専門家がアドバイスし育てているような自助グループもあるようですが、アディクション関連の自助グループでは、そのような関係はみられません。いっぽうで、専門家だけの自助グループも実施されているようです。

逆に、私たち専門家のカウンセリングへの評価が、自助グループによってなされることがしばしばあります。「あそこはダメよね」といった噂が広がってしまったらもうアウトです。ですから自助グループは、私たちを評価する大変怖い存在なのです。

クライエントのなかには、自助グループに参加して「あのグループで傷ついた」と批判するひともいます。私たちはそれを聞きますが、だからといって私たちはそれに意見をもちません。それをしてはいけないのです。

このように、専門家のできることと、自助グループの役割を峻別し、互いに棲み分けること。これは当事者の力を評価し、ときには専門家の力が及ばないこともあることを認めているからこそ生まれる態度なのです。

グループカウンセリングにおける三つの機能

私たちが原宿カウンセリングセンターで実施しているグループカウンセリングは、自助グループでおこなわれている「言いっ放し、聞きっ放し」と、心理教育的グループカウンセリングを合体させたものです。ひとことで言えば、グループの参加者の言語的交流を防ぐことが特徴です。一般的にグループカウンセリングは、参加者の相互交流によって生まれる力動や影響を利用するものです。八人の参加者がいれば、その八人がお互いに話しあうというイメージをもたれるでしょうが、私たちはそうしません。ファシリテーター（司会）のカウンセラーを中心とする放射線状の関係を展開し、相互関係、つまりファシリテーターを経由しない関係を極力避けるのです。その理由は次のようなものです。

カウンセリングに来ているひとは、いろいろな問題をかかえて傷つきやすくなっています。そして、そこには競争関係も生まれます。摂食障害であれば、自分が誰よりも太っているかとか、あの子は痩せているなどという気持ちが発生します。家族のグループでも、「あそこはうちよりましだわ。悔しい」とか「ああ、こんな不幸なひともいるんだ。まだうちのほうがましだ」などという比較も生まれます。よくも悪くもそれがグループの特徴ですが、それが直接言葉でコメントとして向けられることで、深く傷つくこともあるのです。

カウンセリングの場は安全な場でなければなりません。グループも同様です。何を言っても否定されないこと、他のメンバーの語ることをとにかく聞くこと、他のメンバーへの論及を避けること……このような暗黙のルールでグループの安全を維持します。ファシリテーターである私の役割は安全の確保と、そこで起きることとの全責任を負うことです。参加者が他のメンバーを批判したり、評価したりすることを避けるのもそのひとつです。有料のカウンセリング機関ですから、参加者が傷つくリスクを回避しなければなりません。ファシリテーターを経由すれば、直接的な傷つきや影響は回避しやすくなります。

もうひとつは、私たちのグループカウンセリングが心理教育的であるからです。心理教育とは、教育的効果を目的として参加者の学習を促進することです。グループに参加するひとたちは「勉強する」という表現を使います。当たり前と思っていたことを変える、つまりこれまで考えていた認知の枠組みを新しくすることは教育（学習）にほかなりません。もっとも効果的な方法は、この放射線状の関係だといえます。

グループを運営したりグループカウンセリングを担当したりするには、基礎的な知識が必要です。集団を発展的に運営していくには三つの機能が要ります。方向性機能、内容性機能、関係性機能の三つです。話題の方向を意識してつくる役割、内容を充実させ掘り下げる役割、参加者どうしの関係をよく見て、集団から外れているひとがいないか、話ができないひとがいないかなどに気を配る役割の三つです。できれば三つの機能を三人のファシリテーターがそれぞれ担うのが理想ですが、現実にはひとりでこの三つの機能を背負うことが要求されます。

私は松村康平のもとで三歳児の集団研究を学んだのですが、その際にこの三つの機能について役割分担する集団運営を経験しました。この経験は現在のグループカウンセリングにおいても非常に役立っています。たとえ、ひとりでグループカウンセリングを担当していても、たえず方向性は？　内容性は？　関係性は？　の三つに意識を分化させている自分に気づきます。これはトレーニングや研修で十分身につきますので、グループカウンセリングをこれから実施される方たちにむけて、そのようなトレーニングの場があるといいでしょう。

質問には答える

一般的なグループカウンセリングでは、参加者の質問に対してファシリテーターが答えるのではなく、むしろ参加者の側からの答えを引き出すような質問を返したりすることが奨励されます。参加者が考える力を育てるという理由以外に、参加者が自分で答えを出した（ファシリテーターが押し付けたのではない）という、自己決定の文脈を崩さないためだと思います。

とくに公的機関などでおこなわれるカウンセリングでは、「あそこでこんなふうにアドバイスされたのに、うまくいかなかった。その責任は誰がとるのか」といったクレームが自治体にむけられる可能性もあるでしょう。そんな理由もあって、とにかく参加者が自分で答えを出したという事実に至るように質問をすることが求められるのです。

ところが、私たちのような民間のカウンセリング機関では、もともと私たちが責任を負うという覚悟でかかわっていますので、必要があれば明確に答えを出します。それが正しいからこうしなさい、といった押し付けではなく、「私はカウンセラーとして〜と考えます」「このような方法をとられたらいかがでしょう」「それはまずいと思いますのでやめてください」「緊急だと思いますので、今日自宅に帰ったらすぐに病院に行ってください」といった語り口で明確に答えます。

たしかに、クライエントが自分で考えるよりも前にカウンセラーが答えを出すことは、一般的には望ましいことではないでしょう。しかし、とくに家族がクライエントだった場合、混乱の極みにあるひとに対して冷静に判断を求めることは無理なのです。また、事態が激しく動いているときは、考えて迷い試行錯誤することは許されません。緊急の際は命にかかわることさえあるのです。そんなときには、質問をして答えを待つよりも、明確に私たちが答えることが必要になるのです。

その際は、ゆっくりとわかりやすく、しかも自信に満ちた口調が要求されます。クライエントの不安を軽減するためにも、私たちは必要以上に確信に満ちた態度をとらなければならないこともあります。カリスマだとうぬぼれるのではなく、この場、この状況においては、あえてそのような態度が必要なのだと自覚をしながら、自信たっぷりの態度をとるのです。クライエントを安心させるために、それもプロとしては必要なことなのだと考えています。

子どもの借金を親が肩代わりしてはいけない

母親を対象としたグループでは、ひきこもり、摂食障害、暴力、不登校、ギャンブル、借金……など、多種多様な問題に出会うことができます。「この一週間のあいだに息子がパチンコでまた借金をつくって、今回一五〇万の請求書が来たんです」という母親もめずらしくありません。息子ばかりではありません。三二歳の娘がカードで買い物をくりかえし、消費者金融からの請求が来ているという母親もいます。ギャンブルなのか買い物なのか、わけがわからないけれど、とにかく借金が膨れあがってしまったのでどうすればいいでしょうか、という親の相談は年々増えるばかりです。

不思議なのは、本人はやってこないことです。このような場合は、親が払ってあげてはいけない、尻ぬぐいしてはいけないというのが鉄則です。しかし現実には、それを守りきれる家庭ばかりではありません。

「夫が『親が払ってやらなければ誰が払ってやるんだ。息子の未来をなくしてもいいのか』と言って、貯金をおろして一五〇万払ってしまいました。私はここで勉強したとおり、絶対払わないようにと心を鬼にしているのに、夫が私の方針をひっくり返してしまうのです」と泣く母親たちは、借金をした息子や娘への怒りと同時に、夫に対しても絶望してしまっています。

このように、もっとも手ごわいのは本人ではなく、実は配偶者である夫という場合がしばしばあります。このような展開はグループではめずらしくありません。夫を同じ路線に誘導し、協力者に仕立てることが第一の関門になります。私は時に、次のような提案をします。

「わかりました。どれだけ言っても夫はカウンセリングに来ないのですね。あなたの言うことも聞かず、まったく協力しないどころか、ぶちこわしてしまうんですね。それならあなたは手を引きましょう。今日帰ったら夫に『わかりました。では、あなたはあなたの方針で息子に接してください。そのかわり私は何も言いません。お任せします』と言うのです。そうすると夫はどうなるでしょう」

「……たぶん、強がりを言うでしょうが、きっと困るでしょうね」

「では、そのように方針を転換しましょう」

このようにして、夫をまず変えることが必要になります。おそらく、夫の方針でやれば再度、二〇〇万、三〇〇万と借金は続くでしょう。すると夫もほんとうに困るはずです。自分の老後の蓄えがなくなってしまうかもしれないのですから。夫自身も、果たして自分の方針が有効かどうかは自信がないはずです。妻への対抗心で、自分の方法を主張しているだけかもしれない。しばしば中年期の夫は、妻が出す方針に対して「生意気だ」「いつもおまえは俺に反対ばかりする」と言って潰しにかかります。妻に脅威を感じて自信を失っているだけなのに、そのことを認められず妻を逆に押さえ込もうとする。そんな自信のない、みじめで哀れな夫たちの姿を、しばしばグループカウンセリングで知ることができます。

いよいよ夫が困ったとき、ここぞとばかりに「それなら、あなたもカウンセリングに行っていただけませんか」と「お願い」をするのです。そのようにへりくだった言い方をするのは、ひとえに彼らの脆弱な自尊心を支え、その気になっていただくための戦略にすぎません。そのような経過をたどってカウンセリングにやってくる父親(夫)はたくさんいます。

このように、子どもの問題というのは、実は夫婦関係の問題なのです。そして最後までしぶとく変化を拒み続けるのは、ほとんどが父親です。表向きとは異なり、ほんとうのターゲットは父親なのです。父親が変わると家族はガラッと変わります。

話を戻して、なぜお金を立て替えてはいけないのかを説明しましょう。事実が先にそれを証明しています。立て替えたら、かならずまた借金をするからです。ヤミ金に行くのではとか、万引きするのではといった心配は当然ですが、そこでお金を出してはいけません。依存症の仕組みは、ある行為のサイクルの真っ只中にあるときには、どんな小さな材料でも見つけて、今の行為を続けられるように利用していくのです。親がどんなに説得しようと、愛情から肩代わりをしようと、彼らにとってそれはギャンブルなどのアディクションを続ける材料でしかないのです。

彼らの言い方は決まっています。「振込み期限は今日の午後三時なんだ。あと一〇〇万あればクビにならずにすむ。このことがバレたら職場をクビになっちゃうんだ」と。

そんな息子を見ると、母親は「じゃあ、銀行が開いているうちに行ってくるわ。ほんとに今度だけよ」と言ってしまう。「お母さん、ごめんね」と涙ぐむ息子を前に、夫にも電話して意向を聞くと、夫は二つ返事で「それはそうだ。金をおろしてやれ」と言う。

銀行に直行して定期預金を解約し、息子に手渡すと「お母さん、ほんとにありがとう。もう二度とこんなことしないから」と感謝されます。まるで映画のワンシーンのような、涙ながらの親子の美しい情景に思えます。しかし息子の考えていることは次の借金です。「これでまた二〇〇万借りることができる」と。一〇〇万返すとそれが実績になって、今度は二〇〇万借りることができるのです。つまり、彼らにとって借金を返すことはマイナスがゼロになることではなく、借入れの限度額が増えることなのです。ここがアディクションの渦中にいるひとの考え方と常識との違いです。

たとえばアルコール依存症者が「肝機能が悪いから、もうお酒を飲んじゃダメですよ。ガンマGTPが五〇〇ですよ」などと医者に言われて、一週間酒をやめたとします。すると、それだけで肝機能の数値は下がるのですが、彼らの頭の中は「飲まなかったから肝機能がよくなった」ではなく「ああ、これでまたお酒が飲める」という考えに独占されています。借金やギャンブルも、それとまったく同じなのです。

借金の処理については、弁護士が多重債務などの債務整理の相談に応じてくれます。返済方法や自己破産などについて、親切に相談にのってくれますので、早めに訪れたほうがいいでしょう。もちろん私たちも紹介するようにしています。

違う問題のひとと出会うことの効用

家族グループには、いろいろな問題をかかえたひとが参加しています。ばらばらの問題をかかえたひとどうしの集団では、なかなか運営が難しいという見方もありますが、私たちはむしろその効用のほうが大きいのではないかと考えています。

たとえば、アルコール依存症者の妻だけのグループの場合、単純な比較がただちに生まれてしまいます。「あのひとの夫はもうお酒をやめているのに、うちはまだ飲んでいる」「うちは肝臓障害はないけど、あのひとの夫は肝硬変だ。うちはましなほうだ」などといったように。

このような比較によって、競争と同時に落ち込んでしまうひとも生まれるのですが、参加者の問題がいろいろだと「ああ、この世にはさまざまな問題をかかえたひとがいるんだ。私だけじゃないんだ」と、単純比較ができないぶんだけ多様性に目が向きます。同時に、共通部分である問題の構造（家族関係や対応の問題）が明確に浮かび上がるのです。心理教育的なグループを運営するうえでは、そのほうがむしろやりやすいのです。

たとえば、先に述べたような父親との協力態勢づくりについては、問題がひきこもりでも暴力でも借金でも、ほぼ構造は同じです。「なんとか私の力で、あの子をまともな人生に引き戻してやらなければ。それが母親の愛情なのだ」といった母親自身の思い込みもたいてい同じです。また、カウンセリングに来ていることを夫に内緒にしている妻は驚くほど多いものです。まずカウンセリングに来たことを、本人（息子や娘）と夫にちゃんと話すこと。そして、ここで学んだことを夫に話して、本人への対応の方針について夫と協力できるかどうか。こうしたことをグループの共通課題にしても、とくに違和感はありません。むしろ、問題が異なるぶんだけお互いの警戒心もなく、比較も働かないので、参加者どうしの関係は良好になります。

外科手術のような家族への介入

家族のグループでは、しばしば介入をおこないます。グループに参加している母親に対して提案をおこない、そのひとの行動に変化を起こすのです。変化とは、①これまでやっていないことをやる、②これまでやっていたことをやめる、のいずれかです。これまでどおりの行動をとりながら、カウンセラーからなにか名案を教えてもらえば一気に問題が解決して、ひきこもっていた子どもが働きに出るといった奇跡を望まれても困ります。夢のような解決方法はありません。地道に変化を起こしていくことが、実は確実な変化への近道なのです。

具体的には、コミュニケーションパターン（本人との会話の方法）や、お金の与え方などに変化を起こします。グループでは、同じことを他のメンバーも見て、聞いているわけですから、情報量は一対一である個人カウンセリングの比ではありません。二時間のグループでも学ぶことはとても多いのです。

他のメンバーの発言を自分に引き寄せて考えることも、また他のメンバーに自分の家の状態を映して見ることもできます。グループのメンバーは自分の鏡となります。ひとりずつにアドバイスする場合もありますが、皆がそれを聞いてノートに全部書き込みます。その熱心さは驚くばかりです。

たぶん、そこには知力もかかわっているでしょうが、最後は真面目さ、真摯さの問題だと思います。そして、信頼する勇気をもっているかどうか。私たちの言うことをとりあえず信じて、どこまで素直に行動してもらえるかということです。

どこかで私たちの言葉に不信を抱いて、こちらの提案をそのまま実行しない方からは、ざるに水を流すような印象を受けることがあります。グループに参加しても、それがその方たちの生活に浸透していかずに流れ去ってしまう。せっかく料金を払い、労力もかけて参加したのですから、実にもったいないというほかありません。

別に「鰯の頭も信心から」と言いたいわけではありません。とりあえず信じて実行してみることが大切だと言いたいのです。その結果、家族の状態に変化が起きると、さらにやってみようという動機も高まります。発言のしかたを変えたら、二年間話をしてくれなかった長男が「おはよう」とあいさつしてくれるようになった。そのことだけでも実に大きな変化です。それを喜ぶと、さらに行動を変えようという意欲もわいてくるでしょう。

また、変化をとらえる目も大切です。「一週間、何の変化もありません」という方もいます。しかし一週間でも確実に年をとっているわけですし、季節も変わっているでしょう。このような変化をとらえられない親は、いつも自分の望む目標を基準にして現実を見ていることが多いのです。あいさつをするくらい、自立して就職することから見れば些細なことにすぎないのですから。しかし、小さな日常的変化をとらえる目、感度を養うことはとても大切なことです。本人の力を信じ、私たちカウンセラーを信じる勇気をもつこと。そして、どのような小さな変化でもそれをとらえて感じ、喜ぶ姿勢をもつこと。これが、大胆に見える家族への介入の基本になっているのです。

最大の介入は、母親が家を出ることです。問題が暴力であれば家から逃げることです。息子や娘を動かそうとするのではなく、母親がみずから逃げたり家を出たりする。これはかなり大胆な方法ですが、そのぶん、うまくいけば劇的な効果を生みます。しかし、そのためには何週間もかけて準備をし、家を出ることが理不尽ではないという基礎をつくる必要があります。でないと、のちのち本人から、家を出たことを責められることになります。「家を出る」といっても、私たちの場合は、家族も入院できる病院を紹介して、しばらく入院してもらうのです。最低でも一週間は必要でしょう。

家族の一番の要になっていた母親がいなくなることは、他の家族を大きな変化の渦中におとしいれます。たとえば摂食障害の娘の場合、母親が入院すると、多くはしっかりとして、ごはんを作り、家事も分担するようになります。父親と話したりもするようになります。

母親に家を出させる目的は、第一に、疲弊した母親自身をとりあえず回復させることです。もうひとつは、母親に依存していた息子や娘たちを変化させることです。それまで、彼ら・彼女らは母親を手足のように使っていたわけですから、突然の母親の不在に困ってしまうでしょう。すでに述べたように、母親が言うことをきいてくれるあいだは本人はカウンセリングに来ません。母親が最大のカウンセラーだからです。母親がそれをやめ、家からいなくなることで本人が困る。その際に「カウンセリングに行ってほしい」と伝えるのです。母の不在によって本人が困ることを、カウンセリングへの導入のきっかけとして使うのです。

もちろん、すべてのケースがうまくいくわけではありません。こちらを向いてもあちらを向いても、自分にはどうしようもない現実があったときに、母親たちはグループに参加するのですが、なかなか変えられない現実もあります。

「他のメンバーの家は変わっていくのに、うちだけは変化がなくてつらい」と言って、来なくなる方もいます。その方は別のカウンセリング機関に通っているかもしれませんし、カウンセリングに来る前と同じ生活に戻っているかもしれません。それでも、多くの方たちはとりあえず生きていくことはできるのです。ひきこもっている中年の息子と老夫婦が同じ屋根の下で暮らすという現実は、日本中に数多くあるのではないでしょうか。あきらめるということもひとつの解決ですから、それについて私は何も言えません。ただ、残念だなとは思います。

このように、介入というのは家族の外科手術みたいなものです。痛みをともない、ショックも起きるでしょう。しかし、長年のあいだに日常化した家族の関係を変えるには、このような方法しかないのかもしれないと思います。ただ、外科手術をせずにガンを温存するのもひとつの方法ですから、そのまま時の過ぎるのを待つのも有効かもしれません。時間の経過は誰も抗えない、もっとも残酷な変化であり、時には薬にもなるからです。

ひきこもりからの脱出

最初のカウンセリングを初回面接といいます。研鑽や経験を積むと、初回の段階で「見立て」ができるようになります。見立てとは、そのひとの状況をリアルに想像でき、仮説を構築することで、介入やカウンセリングの手順が見えてくることです。これはカウンセラーとして基本的なことだと思います。あるひきこもり男性の例をとって考えてみましょう。

一八年間もひきこもっている息子の問題でカウンセリングにやってきた六〇代後半の女性がいます。高校時代から不登校気味だった次男は、大学に合格したものの、ほとんど登校できず二一歳からひきこもり状態になりました。両親への暴言や暴力もときどきありましたが、来所したときは、近所の物音が自分への悪口だという少し妄想がかった発言が増えたことで、不安になったからとのことでした。それまでも、あらゆる相談機関を訪れ、精神科医にも受診しましたが、いずれも本人は拒否して行きませんでした。長男は外国に赴任していますが、次男の唯一の話し相手で、力になってくれました。結婚している長女も次男のことを心配していました。

まず、両親の協力態勢づくりから始めようとしました。ところが、それは彼女から大変な抵抗にあいました。彼女からすれば、ほんとうに腹にすえかねるような夫だったのです。家庭内で暴言は吐くし、定年退職してからは毎日自分の自慢話ばかり。ボランティアに行ったりもして、他人の家のめんどうはみるのに、自分の息子のことは無関心でした。

他人に対しては長男の自慢ばかりで、次男のことは隠しているようでした。夫にしてみると、ひきこもっている息子は認められない存在だったのでしょう。

彼女に対して、次のように提案しました。

カウンセラー「息子さんのことについて、協力してほしいと夫に頼めますか?」
妻「どうして私が夫に頭を下げなければならないのでしょう。息子も夫のことは嫌いなんです」
カウンセラー「でも息子さんへの対応は、ご夫婦の協力があったほうがずっとうまくいきますよ」

妻「そうですか……でも……。わかりました、息子のためならやります」

こんなやりとりを何度もしながら、時間をかけてやっと彼女は夫に「カウンセリングに行ってほしい」と頼むことができました。すると、驚いたことに夫は「行くよ」と即答したのです。そして夫婦で教育プログラムへ参加するようになりました。

私はかれらに「よくいらっしゃいましたね。なかなかお父さんってカウンセリングには来ないのですよ」と、ほめることをくりかえしました。

夫とは次のようなやりとりをしました。

カウンセラー「息子さんに、どうなってもらいたいですか」

夫「それはやっぱり、社会に出て働いてもらいたいですよ」

カウンセラー「そうですか、わかりました。その希望はご夫婦共通ですよね。私たちも、そのために協力しているのですよ」

夫「ありがとうございます」

カウンセラー「ところで、息子さんと一番接する時間が長いのはどなたでしょう」

夫「それは、やはり妻ですね」

カウンセラー「そうですか、それは大変ですね。ご主人の役割は、とにかく奥さんを支えることが第一だと思います。きっと奥様もそれを喜ばれると思います。奥さんが今までずっとやってきたことを、ねぎらって支えてあげてください」

このような提案を、現役時代は優秀な証券マンだった彼はすぐに採り入れました。帰宅後、夫は妻に「おまえ、大変だったなぁ」と言うようにしたのです。それも過剰なほど言うので、妻はしばしば鬱陶《うっとう》しいと感じたようですが。

彼のもうひとつの修正点は、お説教でした。息子がときどき部屋から出ると、いつも父親はお説教をしていました。「人生ってものは……」「努力が足りない」「甘えている」などと、彼にしてみれば当たり前のことを無邪気に説教していたのですから、次男が夫を避けるのは当然でした。暴力が出現してからはさすがに減りましたが、それでも視線や空気にそれは漂っていたのでしょう。

夫にお説教を一切やめることを提案すると、これもみごとに実行しました。ひとこともお説教を言わなくなり、とにかく話を聞いてあげるということに徹したのです。その結果、親子のコミュニケーションが回復し、一年後には息子からいろいろと父親に話すようになりました。

少し前の母親にしてみれば、夢のようなことです。その変化は、長男から父親への評価につながり、次男との接触の中心的役割は、いつのまにか母親から父親へ移動しました。家族三人でテレビを見ながらの団欒《だんらん》も復活しました。

いっぽうで、極力夫婦の会話を増やし、夫婦二人での外出を増やすようにしました。それまでは、次男をひとりで家に残すことは怖くてできなかったのです。夫婦が三泊の旅行を計画したとき、次男は自分から、長女の家に遊びに行くと言いだしました。電車に乗る外出は、実に八年ぶりのことでした。不安もあった彼女でしたが、それでも踏み切って夫婦旅行を決行しました。ところが、帰宅してみると次男が家にいません。実は、自宅より姉の家のほうがいいと言って、一週間も滞在することになったのです。長女の夫も状況をよく理解し協力してくれました。

このように、二年間をかけて夫婦関係、親子関係の変化を図り、次男は電車に乗って外出ができるようになりました。ある日、長女の夫が、自分の勤めている会社の翻訳アルバイトを次男に紹介しました。次男はひきこもっているあいだにたくさんの本を読んで、翻訳家になるという夢をもち始めていたのです。父親はいつもそのことを「現実的でない」とか「金にならない」といった理由でけなしていたのですが、そんな次男を見て父親は「自分に今できることからやってみるといい。どんな仕事をしても、父さんはそれをちゃんと偉いと思う。母さんもそうだよね」と言ったのです。彼女はほんとうにびっくりしました。夫がここまで変わったとは信じられないほどでした。かつての夫だったら、また「くだらないアルバイトだ」と言いかねなかったでしょう。

現在この次男は家を出て、ある会社の寮に入って働いています。友人もできたと喜んでいるようです。ときどき母親の好きなケーキをお土産に持って遊びに来てくれるとのことです。一年に一回ほど、そんな報告をしに、彼女は今でもカウンセリングに訪れています。

一番のポイントはお金

このように、時間をかけて少しずつ介入していくためには、彼女も参加したようにグループカウンセリングが欠かせません。

言葉づかいに始まる家族のコミュニケーションに加え、もうひとつのポイントはお金です。たとえば、働いていないギャンブル依存症の長男が「タバコがほしいからお金をくれ」と言ったときにどうするか。そのときの対応が大きな問題です。

私たちがグループで提示している小遣いの金額決定の手順は、

1、月額いくらのお金が必要かを本人に自己申告させる
2、それを受けて両親で話し合う（一晩から一週間）
3、その結果を本人に通告する（満額回答もあり、減額もあり）
4、渡し方を通告する（その都度必要なだけ渡すのか、週決めか、月決めかなど）
5、父親が手渡しすることを伝える（振込みはしない。母親からは渡さない）

以上です。まるで予算案の作成のような手順ですが、この手順を踏むことが大切です。日本の家庭の多くは、父親が中心的に生活費を稼いでいますから、父親からお金をもらうようにすることは大切です。たぶん本人にとっては、苦手な父親から金を渡されるのは屈辱的なことでしょう。その屈辱を味わうことが大切なのです。

一番大事なことは、本人が自分の置かれている状況に少しずつ直面できることです。こんな年齢になっても何もできず部屋にいて、父から金をもらっている自分というものに、少しずつソフトランディングしながら直面しなければいけないのです。お金のある親ほど、それはできないでしょう。なぜならお金を渡すほうが簡単だからです。こうして子どもはスポイルされるのです。お金は渡すほうがずっと楽です。あるのにお金を出さない、渡さないことほど難しいものはありません。

これも、ひとつの社会構造に帰因する問題だといえます。中高年の親たちはお金をそこそこ

潤沢に持っています。対して子どもたちの経済力は、生涯働いても親には及ばないでしょう。こういう時代を日本ははじめて迎えています。このときこそ、どれだけ親が子どもに援助するお金を制限できるかがポイントになるのではないでしょうか。ある種の欠如を経験させることはとても大切だと思います。いかにお金を出さない親でいるか。子どもの給料が安くてかわいそうだからと「いいよ、いいよ」と与えている親の無原則さを、危ないと感じる毎日です。

このように、カウンセリングにおける家族の問題が最終的に集約していくのは愛情ではありません。最後はお金の問題に帰結していくのです。親子関係にしても夫婦関係にしても、最後は金銭の授受という、実にドライな帰着点に行きつく。それがカウンセリングを通した私の実感です。

暴力からは逃げること

家庭内暴力についてもグループカウンセリングが効果的です。暴力に対する有効な対応はただひとつ、逃げること。これを徹底します。それは一九八〇年代からの、私たちカウンセラーの常識でした。

ところが、ＤＶ（ドメスティック・バイオレンス）で夫の暴力から妻が逃げるのと、子どもの暴力から親が逃げるのとでは受けとめ方が違います（以下、ここでのＤＶとは配偶者によるものを指し、親子間の暴力には使用しません）。「親が逃げるのは卑怯《ひきょう》だ」「自分が生んだ子どもから逃げるのは責任放棄だ」というように思われるのです。果たしてそうでしょうか。

子どもから親への暴力は、ＤＶと違って、親に対する一種の復讐なのです。かれらのなかでは復讐心と愛着がないまぜになっています。そして、かならず暴力をふるった後で、かれらは自分を責めるのです。なぜなら暴力に対して自覚的だからです。とすると夫婦間のＤＶはどうなのでしょう。夫は妻への暴力を正当と思っています。なぜなら妻が悪いと思っているからです。正義の力であり、暴力とは思っていません。

子どもたちの暴力は、そもそも親を殴ってはいけないと考えるから発生します。殴る自分がおかしいと思いながらやっているのです。だから殴った後で自責感におそわれます。自責の念にかられて「なんてダメな自分なんだろう。苦しい。なぜこんなに苦しいんだ。あの親が悪い！」と、また暴力をふるうのです。子どもからの暴力はこのサイクルが非常にはっきりしています。では、どこでこのサイクルを断ち切ればいいのでしょう。それには、まず親が逃げることで、悪循環の輪を切ってあげなくてはいけないのです。子どもをいさめて暴力を止めようとしても、負のサイクルは切れません。ですから逃げるしかありません。

逃げ方にもいくつかあります。望ましいのは、前もって「今度、君が暴力をふるったら私たちは逃げるよ」と言っておいて逃げることです。また、逃げる時間にもいろいろあります。一〇分で帰るか、一時間で帰るか、三時間で帰るか、一晩で帰るか。これも全部違います。

誤解を避けるために言えば、「逃げる」とは終生戻らないことを意味しているわけではありません。多くはいずれ帰る予定で逃げるのです。これがDVと異なる点です。子どもたちは、親が逃げているあいだにじっと自分を振り返り、冷静になり反省しているのです。ですから、家に帰るときはかならず「ただいま！」と明るく帰るようにします。

逃げるときは、できれば夫婦で逃げたほうがいいでしょう。妻を逃がして夫は残る、夫が逃げて妻が残るというのは望ましくありません。子どものきょうだいの場合は残ってもいいのですが、きょうだいの誰かが暴力のターゲットになっているときは一緒に逃げたほうがいいでしょう。しかし、おおかたの場合、暴力は母親に集中しています。

親が逃げることで本人はクールダウンできます。もちろん、母親が怪我をしないためにも逃げるのですが。

「育て直し」のため、依存としての暴力を受け入れるためとして、逃げずに殴られるままになるよう指示する専門家もいるようです。しかし私たちはそうは考えません。暴力をふるわれそうになったら、出口を背にして移動し、必要なものを入れたカバンを用意しておきパッと逃げるのです。車があれば車で逃げ、ファミレスでコーヒーでも飲んで帰ってくるのです。帰ったらまた殴られるのではと心配しがちですが、それはあまりありません。

刃物などを持ち出してきて、逃げられない場合は躊躇《ちゅうちょ》なく一一〇番するべきでしょう。警察官が自宅にやってくると、本人は冷静に何くわぬ顔で「何でもありません」というのが通例です。これはＤＶの場合と共通していますが、病的な暴力とのもっとも明確な相違点です。警察が去った後は「よくも警察を呼んだな」とふたたび暴力が始まる場合がありますが、その場合はさっさと逃げましょう。

親と子のあいだにカウンセラーを入れる

もうひとつのポイントは、暴力をふるっている子どもに対するお金の問題があります。働かずに親を責めてだけいるかれらは、どうして生きていられるのでしょうか。それは親が家に住まわせ、お金も与えているからです。外出する場合も、交通費などのお金が必要になります。そのお金をどのようにして、いくら渡すかが介入のポイントになります。

先に述べたような手順で小遣いの金額と渡し方を決めたら、父から渡すようにします。よく経験するのは、前もって決めた額を超えて子どもが請求してくることです。もしもかれらが「○○を買うから、もっとお金をくれ」と言ったときは、親は「これ以上は出せない」と拒否しなければなりません。そのときに暴力が始まるかもしれませんが、決して怯えて言いなりになってはいけません。ここで約束した金額を死守できるかどうかが、大きな分岐点になるのですから。一度約束の金額を超えて出してしまうと、次からも出すことになるでしょう。「前はくれたのに、なんで今度はくれないのか」とかれらは要求するでしょう。決して例外をつくってはいけません。かれらは、親の約束違反に対して非常に敏感だからです。たとえ本人たちが約束を守らなくても、親は決めたことをかならず守るようにする必要があります。

親が約束した額以上のお金を出さなければ、かれらは困ってしまうでしょう。「僕の苦しみをどうしてわかってくれないのか」と責めるときもあるでしょう。「お金が足りないんだ」と訴えてくることもあるでしょう。そんなとき、きちんと伝えるべきことがあります。「約束した金額以上のお金を出すことはできません。あなたが苦しいのを親として何とかしてあげたいと思いますが、これ以上はもう限界です。私たち夫婦はカウンセリングに行って勉強しながらあなたに対応してきました。あなたも困っているなら、カウンセリングに行ってほしいと思います」と言うのです。

かれらが何かに困ったり苦しんでいるときは、変化する大きなチャンスです。それはSOS

を出しているということなのです。困ったとき、危機にあるときこそ変化するきっかけです。このタイミングをとらえて、かれらをカウンセリングに導入するのです。もし本人がカウンセリングにやってくれば、親と子のあいだにカウンセラーが入るという関係になります。

私たちのセンターでは、親の担当と子どもの担当を分けますので、双方に担当カウンセラーが存在することになります。カウンセラーどうしが連絡をとり協力しあうことによって、これまでの親子の息詰まるような密着した関係性が大きく変わっていきます。子どもの言い分を聞くカウンセラー、親の言い分を聞くカウンセラー（夫と妻の担当も別々にします）という構造がつくれれば、問題の解決はそれほど困難ではありません。

「ほんとうは僕だって、親を殴りたくないんだ」という子どももいます。ときには暴力をふるっていることを一切語らない本人もいます。カウンセラーは本人から語られることを否定せず、カウンセリングに訪れたことをとにかく評価しつつ、とりあえず本人が何を望むのかを課題にして聞きます。

かれらはしばしば、親が逃げることに抵抗を示しながら、親と別に住むことを歓迎してもいます。目の前に親がいるとどうしても暴力をふるってしまう、別に暮らすことでそれを避けることができる、と述べるのです。

本人がカウンセリングに来ておらず、暴力が激しくてほんとうに親の生命が危ないときは、アパートを借りて別に暮らしてもらうこともあります。本人が実家を占拠し、親は狭いアパートで暮らしながら、経済的には子どもの援助をすることになります。ときには弁護士をあいだに立てて、親の身の安全を図ることもします。逃げた先を探しだして押しかけるということもあるからです。本人に言い続けることは、「私たちはあなたの回復を願っている。そのためにも、ちゃんと専門家のところに行ってほしい。親にはもうこれ以上のことはできない」ということです。

ときには、生前贈与というかたちで弁護士を立てて財産分与をおこない、親子の関係を切ってしまう場合もあります。どうしても連絡を取る必要があるときには、直接的接触を避け、弁護士を通して連絡をする場合もあります。親子とはいえ、このように親が身を隠し、家庭裁判所が接近禁止を発令しなければならない例もあるのです。

人間関係を築くスキル

「対人関係で困っている」という方は多いのですが、よく聞いていくと、実は具体的な問題が起きているのです。「家族関係がうまくいかない」という相談もよくあります。その場合しばしば、友人との関係や職場での関係も同時にうまくいっていないものです。まわりにうまく合わせようとしているうちに疲れてしまい、そのうち疲れきってうつ状態になってしまうひともいます。最近では、職場でのいじめなどのハラスメントも増えています。

ハラスメントという言葉が共有され、いじめという言葉も一般化した結果、自分が被害者であると認めるひとが増えてきました。それまで「人間関係がうまくいかないのです」「対人恐怖があります」と言っていたひとたちが、パワハラやセクハラ、いじめなどの被害者だと言い出しているのです。自分に対人関係のスキルがないと思うか、周囲から被害を受けていると思うか。これまでは、人のせいにせず自分で努力することに価値がおかれていましたが、それは被害の経験をあいまいにすることにもなります。近年になってやっと、被害を受けていることを本人自身が認められるようになったのです。これは時代の流れなのだと思います。問題をどう定義するのか、どのような言葉を用いるのかによって、こころの問題も大きく変わってきたといえるでしょう。

中高年のひとたちは、言うなればすでにそこを生き延びてきたひとたちです。お酒を飲んでやりすごした結果、アルコール依存症になっているひともいるかもしれませんが。対人関係の問題や職場でうまくいかないという訴えは、やはり女性や若年層に多いと思います。

スキルの有無は、これからの世の中で生きていくには非常に大きなことです。人間関係さえうまくいけば、とにかく生きていくことができます。しかしそのハードルはどんどん上がっています。ある講演で語られていましたが、昔だったら「個性的」と言われた子どもが、今は「発達障害」や「不適応」というラベルを貼られている、と。四〇、五〇年前に、黙々と絵を描いたり積み木ばかり積んでいたりする子がいたら「あの子、将来はエジソンみたいになるかねぇ」と言われたものですが、いまでは「不適応」です。個性尊重といわれながら実は、個性的なひとにとっては非常に生きづらい時代になったと思います。

職場でも学校でも、いじめにあった場合、その人はのけ者にされがちです。そのときに、本人に対人関係のスキルがないからだととらえるのか、まわりのひとたちがあまりに無理解だととらえるのかは重要なポイントです。つまり、目の前にいるひとをいじめの被害者としてとらえるのか、スキルの向上を必要とするひととととらえるのか、ということです。

この二つは矛盾するわけではありませんが、ともすれば二者択一的に考えられてきました。そして従来は多くの場合、スキルが足りない、つまり本人の自己責任とされました。しかし、そこに加害者・被害者という視点が入ってくることで、そのひとは被害者かもしれないことになります。つまり、周囲のひとがのけ者にすることが問題であり、「あなた自身は一生懸命仕事をしていたのであって、あなたに責任はないですよね」と、本人のイノセンス（免責性）を強調するアプローチが必要になります。その判断は非常に難しく、抽象的には言えないことです。そのひとの立場に立って、もっと細かい話を聞く必要があるでしょう。

すでに述べたように、被害者であると言ったところで、対人スキルが必要なことには変わりないので、矛盾してはいません。しかし、スキルの問題だけにしてしまうと「スキルの足りない私」が強調されて、そのひとをもっと追いつめることになります。結果、カウンセリングに行っても自分の足りない点を指摘されて、ちっともカウンセラーが理解してくれなかったという感想になるでしょう。ですから、そのひとが自分をどう見てほしいかということを、まず私たちが察知する必要があります。私は、クライエントが「まわりのひとがひどいのです」と言ったときには、こころから同調して「ほんとうにひどいですよね」と、ひとこと言ってあげないといけないと思うのです。目の前に座っているひとの被害者性を承認すること、その段階を踏まないと、スキルの問題にまで到達できないと考えています。

第5章

被害者と加害者

被害者元年

DV（ドメスティック・バイオレンス）と虐待は、そこに加害者と被害者がいるということが前提になっています。従来のカウンセリングや精神療法の世界では、加害・被害というパラダイムは登場しませんでした。一個人、ひとりの病気の患者を対象にするのであり、クライエントは等しく平等であるという前提で成り立っていたのです。加害者や被害者という言葉は、1章で紹介した三つの潮流とは別個に、主に司法領域で用いられてきた言葉で、裁判所や警察、マスメディアの事件報道でしか使われることはありませんでした。臨床心理学や精神医学の分野にこれらの言葉が入ってきたのは、歴史的にかつてなかったことなのです。これは大きな歴史的転換だと言えます。

私が被害者という視点を持ちはじめたのは、アダルト・チルドレンという言葉を知ったことからでした。一九九六年の『「アダルト・チルドレン」完全理解』（三五館）が私の最初の著書でしたが、それ以降、大きく自分が変わってきていると思います。それは、戦争中に「大日本帝国万歳！　大東亜共栄圏万歳！」と言っていたひとが、一九四五年八月一五日以降「民主主義万歳！」と言い出すような変わり方ではありません。自分の臨床経験を通して、いわば必然的に、もっと言えばクライエントから後押しをされての変化です。クライエントと会いながら、どうしても焦点を変えなくてはならないという経験が生じたのです。つまりクライエントに対するひとつの責任として自分が変わってきていると思うのです。その一番のポイントが虐待とDVです。

先の章で、親の介護の問題をあつかった部分で「親にさわるのが嫌だ」という男性の例を挙げましたが、「それなら無理に介護しなくてもいいのでは」と私は言いました。しかし世間の常識では「親なんだから介護してあげたほうがいい」と考えるでしょう。でも私は、本人がそう感じるにはそれだけの理由があると思うのです。その親が、彼の小さいころから思春期にかけて虐待的な行為をしていたとしたら、その子どもは親を許せるでしょうか。近年、虐待事件が毎日のように起きています。子どもを殴り殺す、餓死させるといった事件が跡を絶ちません。まるでごみを捨てるように子どもを殺してしまう親もいます。

歴史的にみると、池田由子さんの『児童虐待』（中公新書、一九八七年）が一般書としては最初に虐待をあつかったものでした。一九六〇年代まで、虐待といえば戦後の混乱期の捨て子や戦災孤児、貧しい親たちによる子どもの売買などが中心でした。それが大きく変わってきたのが一九七〇年代です。

村上龍の『コインロッカー・ベイビーズ』（講談社、一九八〇年）という小説がありましたが、実際に東京駅のコインロッカーから乳児が発見された事件がヒントになったといわれます。これが豊かな時代における児童虐待の嚆矢《こうし》（さきがけ）となりました。捨てたその親は、なぜ子どもを育てられなかったのでしょうか。男と暮らすのに邪魔になったとか、貧困以外のさまざまな理由で子どもを捨てたのでしょうか。

このように、戦争の影響の残る虐待や貧困の果ての虐待から大きく様相が変わったのが一九七〇年代から八〇年代にかけてです。日本の高度経済成長がほとんど達成されて、日本全国に三種の神器といわれた電化製品がほぼ行き渡ったころになります。虐待の専門家も当然それに呼応するように、対応を変えていかなくてはなりませんでした。

虐待防止のムーブメントとしては、まず市民団体が動きました。それが一九九〇年前後です。大阪と東京で、ともに医者や弁護士などが中心になって、子どもを救うための虐待防止ネットワークが相次いでできました。東京の場合は、アルコール依存症にかかわっていた地域保健の関係者たちが中心になってつくりました。大阪の場合は、夜間救急にかかわっていた小児科医が中心となってつくったといわれています。

親たちは「しつけだ」とか「子どもの不注意だ」と言っているけれど、子どもは熱湯を浴びせられ、火傷で呼吸困難になっている。親の言葉を信じて親に任せていたら子どもは死んでしまうかもしれない。現場ではそのような切迫した現実が多くみられるようになりました。どの親も、子どもを殴ったり蹴ったりしておいて、死にそうになるとあわてて病院に運んできます。子どもが入院すると親は足繁くやってきて、「早く退院させてくれ」と言って引き取っていきます。でも二か月後にまた同じことが起き、今度はすでに子どもは死んでいたりします。

とにかく子どもの命を守らなくてはならない、と市民レベルで虐待防止のための団体が立ち上げられたのです。欧米ではすでにそのような運動がさかんで、法律も整備されていましたが、日本はおよそ一五年遅れていました。しかし九〇年代に入り、このような運動がだんだんと高まりつつありました。

そこに大きなはずみをつけたのが阪神淡路大震災です。このできごとが「被害者」という言葉の広がりを生んだのでした。国民全体に、「被害者」という言葉が生々しい実感をともなって共有されたのです。震災で崩壊した神戸の町の光景をテレビで見ていれば、誰もが被害者の立場に立つでしょう。さらに、その三か月後には地下鉄サリン事件が起きました。得体の知れない敵から自分たちが被害を受けるのではないか、というような被害者意識が日本全体を覆ったのです。私は、一九九五年を「被害者元年」と呼んでいます。

これらは、虐待の表面化とどのように結びついたのでしょう。

アダルト・チルドレン

続く一九九六年に始まったのがアダルト・チルドレン（AC）ブームです。「現在の自分の生きづらさが、親との関係に起因すると認めたひと」というのがアダルト・チルドレンの定義ですが、もともとはAdult Children of Alcoholicsといい、アルコール依存症の親のもとで成長したひとのことを指していました。

ACとは要するに、自分は親の被害者だったということをあらわしています。この言葉が流行語になることによって、インターネットの世界で「私はACです」「僕もACです」というカムアウトが一気に広がりました。その背後には、先の阪神淡路大震災と地下鉄サリン事件によって後押しされた被害者論の高まりがあったと思われます。それがアダルト・チルドレンのブームを起こし、被害者的立場を後押ししたのでしょう。一九九五年から九六年に始まった「日本人総被害者化」的な動きは、歴史的にみるととても大きな転換点になったのではないかと思います。

一九九一年のバブル崩壊以降、日本の家族が大きく変わったと言う社会学者もいます。企業が終身雇用制を徐々に捨てはじめ、年功序列制度が崩れはじめたのです。たしかに、それまでの企業社会が家族を丸がかえにしたことによる問題点は多くあったでしょう。しかしそのいっぽうで、それが何かを守っていたのかもしれません。

地域社会も徐々に崩壊していき、そのなかで家族は孤立し、弱いものはより弱いものになり……という日本の家族の変貌が、一九九二～九三年ごろから始まりました。それに加えて、二〇〇〇年前後には非正規雇用者数が正規雇用者数を上回るようになります。

このように、中間層という社会のクッションがどんどんなくなっていき、貧しいものがより貧しくなり、富めるものがより富めるようになりました。小泉政権の規制緩和がそれに拍車をかけたことは言うまでもありません。このような家族の変化によって、それまではまがりなりにも隠蔽されてきた虐待が、クッションもなく一気にむき出しに表面化するようになったのです。

よくある「虐待は増えたのか、減ったのか」という論議は意味がないと思います。今までもたぶん虐待はあったのです。あったのですが、何かによって見えなくされていて、「この子は身体が弱かったので」とか「発育不全で」などと言われ、まさか親がそんなことをしないでしょう、というかたちで隠蔽されていたのが、覆うものがなくなって白日の下に晒《さら》されるようになってきただけなのです。

さらに、かつてはなかったような、あまりに短絡的な虐待が、社会の底辺層から発生するようになりました。親になることの自覚から程遠い親たちが、守ってくれる親族もないままに、自覚なく子どもを殺してしまう。そんな現実も増えてきたのです。それを、被害者意識の高まりとともにマスコミが大きく取りあげ、国民世論が喚起されて、二〇〇〇年の児童虐待防止法につながったのです。

DV後進国日本

DVの歴史は、虐待とは別にとらえる必要があります。実は、DV被害者支援員と被虐待児支援員とは、あまり交流がないのです。同じ家族の中に起こっている問題であるにもかかわらず、政策も専門家もまったく別なのです。これは日本だけではなくて、アメリカでもかつては同じ事態が起きていました。たぶんどこの国でも、そのような歴史をたどっているでしょう。その理由のひとつは、思想的にみればフェミニズムとヒューマニズムの齟齬《そご》かもしれません。

もうひとつは、DVの被害者は大人であり、そのひとたちは頭も身体も一人前なのに、なぜ逃げないのかという根深い疑問によるものでしょう。子どもは絶対的な弱者です。だからこそ、子ども虐待は「これはかわいそうだ、ひどい」と世論を一斉に喚起する力をもっているのです。

そこがDVとの大きな違いで、これが両者のあいだに大きな溝をつくっています。

DV防止のための草の根的な運動は、アメリカでは一九七〇年代のベトナム戦争以降に出てきたものです。ベトナム戦争の帰還兵たちは、家族の中で酒を飲み、ドラッグに溺れ、妻や子に激しい暴力をふるいました。その結果、多くの女性や子どもが殺されたり、性虐待を受けたりしたのです。当時勃興しつつあったフェミニズムの影響も無視できません。DV防止の源流には、草の根的なフェミニストの運動家たちの「女性を救わなくては」という問題意識から生まれた活動があったのです。アメリカでは、その成果が八〇年代に入ってDVの犯罪化につながっています。いくら家庭の中であっても、妻に対する暴力は犯罪であるとされ、加害者が逮捕されるようになったのです。

ところが日本では、いまだにDVは犯罪にはなっていません。では妻を殺しても犯罪にならないのかというと、殺人罪にはなります。しかしそれは通常の刑事犯としてであって、DV防止法（二〇〇一年施行）の中にそれを罰する規定はないのです。防止法は禁止法ではありません。たとえば、夫に殴られて妻の鼻の骨が折れた場合、一一〇番に通報して警察官が来ると、警察官は「奥さん、夫を訴えますか？」と尋ねるのです。つまり、警察官が判断して逮捕するのではなく、あくまで妻が夫を告訴しなければ犯罪化されないのです。

妻が夫を傷害罪で告訴するという行為に、多くの女性たちはためらいます。二〇〇六年の内閣府の調査で、シェルターに入った女性たちへのアンケートでも、告訴しなかったという女性が半数を占めています。警官の目の中に「あんた、夫を犯罪者にするのか」というメッセージを感じとるのかもしれません。親族や子どもたちの反発も、もちろん夫からの報復に対する恐怖もあるでしょう。妻が「大丈夫です。明日、病院に行きますから」と言えば夫は無罪放免となる。これが今の日本の現実です。

カナダでのDV罪は、バラの枝を妻にむかって振りかざしただけでも逮捕されるという厳しさです。現実に手を下していなくても、トゲのあるバラを振りかざしただけでDVになるのです。妻の受ける恐怖に変わりはないからでしょう。日本ではあまりにも法整備が立ち遅れていることを強調したいと思います。

その後、日本でも二〇一三年から、妻の告訴がなくてもとりあえず夫を逮捕し、妻に対して逃げることをすすめる方針を警視庁はとっています。一一〇番すれば六〜八人の警察官がパトカーで駆けつけてくれるようになりました。

韓国では一九九九年にDV防止法ができて、妻への暴力が犯罪化されました。背景には、ある町でおきた非常に残酷な事件がありました。男性が妻によって刺し殺された事件だったのですが、夫は何十か所も刺されているのです。その妻が逮捕され、取調官が話を聞いたところ、こう答えたといいます。

「私はもう三十数年間、ずっと殴られてきました。歯は何本も折れて、耳も聞こえません。このままでは平穏な老後どころか、夫に殺されると思って刺したのです。一度刺したら、生き返るのが恐くて何回も何回も刺したのです」

これが新聞で大きく報道され、世論が喚起されて一気にDV防止法が国会で成立しました。台湾でも、DVは犯罪としてあつかわれることはあまり知られていません。日本よりも韓国・台湾のほうが、DVや性暴力に関する対策は明らかにすすんでいます。

もちろん、日本でもフェミニストやキリスト教関係の女性たちが一九八〇年代からDV防止にかかわってきた歴史があることは忘れてはなりません。シェルターをつくったり、外国人の女性の人身売買に反対したりする運動が展開されてきたのです。

面前DVという子どもへの心理的虐待

このように、児童虐待とDV防止の運動は別々に発展してきましたが、私たちは今、両方を包括してかかわらなくてはならないと思っています。DV、つまり父が母を殴る光景を見せることは子どもへの心理的虐待です。二〇〇四年に改正された児童虐待防止法には、それを示す文言（＊1）が入りました。妻を殴るところを見せることで、その夫は父親として子どもを虐待していることになる。これは画期的な変化でしたが、ただ、この条文に従えば、殴られている母も、その場面を見せることで子どもを虐待していることになってしまうのです。結果として、現実的には母親により負荷をかける側面は否定できません。「殴られている姿を見せることで、あなたも子どもを虐待していることになるから逃げなさい」と支援者に言われたら、逃げられない妻たちは深い罪悪感におそわれるでしょう。本来、夫が罪悪感を感じるべきなのに、現場でそのように機能しているのは大変残念です。

二〇一三年、警察庁はこの事態を「面前ＤＶ」と名づけ、子どもへの心理的虐待であるとしました。毎年厚労省は虐待通報件数とその内訳を公開していますが、二〇一四年からは心理的虐待が大きく増加しています。警察がＤＶの通報を受け、駆けつけた際にそこに子どもがいれば、かならず児童相談所に心理的虐待として通告しなければならないからです。

また、多くの専門家によって、親のＤＶを目撃することの子どもへの影響の研究もすすんでいます。

＊1　「児童虐待の防止等に関する法律」第二条（児童虐待の定義）「この法律において、『児童虐待』とは、保護者（親権を行う者、未成年後見人その他の者で、児童を現に監護するものをいう。以下同じ。）がその監護する児

童（十八歳に満たない者をいう。以下同じ。）について行う次に掲げる行為をいう。（中略）
四　児童に対する著しい暴言又は著しく拒絶的な対応、児童が同居する家庭における配偶者に対する暴力（配偶者（婚姻の届出をしていないが、事実上婚姻関係と同様の事情にある者を含む。）の身体に対する不法な攻撃であって生命又は身体に危害を及ぼすもの及びこれに準ずる心身に有害な影響を及ぼす言動をいう。）その他の児童に著しい心理的外傷を与える言動を行うこと。」

加害者への再犯防止プログラム

現実の家族を見ていれば、DVと子どもの虐待は同時に起こっています。私たちはその両方を視野に入れてかかわっていく方法を今後、考えていかなければなりません。そして、現在のようなDVの被害者保護を中心とする法律で、果たして十分なのかを考える必要があります。加害者に対しても直接アプローチする必要があるでしょう。

子ども虐待においても同じです。たとえば虐待事件が起こり子どもが保護された場合、その間、虐待した親はどうしているのでしょうか。あるいは、子どもを殺してしまった親は当然逮捕されますが、逮捕されても、ほかの犯罪者と一緒で懲役あつかいです。懲役というのは作業ですから、畳を縫ったりブロック塀を積んだり、一種の職業訓練に明け暮れるのです。そして

「反省します」と言い続けて二年か三年経ったら仮出所するのです。それでほんとうに問題が解決されるのでしょうか?

現行の刑務所を変化させる大きな法改正が二〇〇五年におこなわれました。明治三一年(一八九八年)に制定されたまま運用されてきた「監獄法」が「刑事施設及び受刑者の処遇等に関する法律」へと改正されたのです。明治維新後、列強に対抗するために日本は富国強兵政策をとりました。日本が近代国家であることを示すために、真っ先に国内の法整備がおこなわれ、ドイツやアメリカをお手本にして民法や刑法などが成立しました。そのときつくられた監獄法は、刑罰の近代化のために有効だったと思われます。しかし、それが一〇〇年後の二〇〇五年まで続いていたのです。

監獄法の中心は「懲役をもって刑罰となす」という点にあります。江戸時代のように牢屋に閉じこめるわけではなく、刑務所へ入れて懲役という名の作業をさせるのです。それは職業訓練を兼ねており、社会復帰を促進させるものとして、当時にしてはよくできた方法だったと思います。しかし一〇〇年近く経って、社会も犯罪も、犯罪者も大きく変化しています。軍隊式の規律の中で反省を強いるよりも、むしろどうやって再犯を防ぐかが重要になっているのです。

二〇〇四年一二月に奈良県で起きた悲惨な女児殺害事件をきっかけに、性犯罪の再犯を防止するための処遇プログラムが導入されることになりました。私はそのプログラムの作成委員になり、カナダへ視察にも行きました。

二〇〇六年の五月から、川越少年刑務所、奈良少年刑務所を皮切りに、全国の基幹刑務所で性犯罪者処遇プログラムが始まりました。いっぽう、民間資本（ＰＦＩ）を導入した刑務所（社会復帰促進センター）もいくつか開設されました。薬物事犯と性犯罪は再犯率が高いので、新設刑務所ではプログラム実施の対象となっています。

では虐待やＤＶはどうなのか。子どもや妻を殺したり、重傷を負わせたりしたひとたちに必要なのは、懲役という名の職業訓練なのでしょうか。そうではなくて、親として、夫としてのスキルを身につけさせ、二度とくりかえさないためにはどうすればいいかを教えていくようなプログラムこそ必要だと私は思うのです。

先日も、テレビで刑務所の光景を放映していました。覚醒剤の使用や、わが子を虐待で殺したひと、そして窃盗や殺人未遂など、みんな同じ房に入って同じ刑務作業に服しています。それで再犯が防止できるのでしょうか。反省の意志を表明するだけで再犯が防げるというような甘い時代は終わったのではないでしょうか。

自分が被害を与えた相手に対して、どうやって責任をとっていくかということも、加害者プログラムの目的になっています。

家族内の暴力であるＤＶと虐待も、基本的には犯罪であると思います。その他の犯罪と同じように、被害者には一切責任はなく、一〇〇％加害者に責任があると考えます。一般の殺人事件で「殺された側にも問題があった」などとは誰も言わないでしょう。これは当たり前のことなのですが、加害・被害の関係性をあつかうことは、従来のカウンセリングや精神療法ではありえないことでした。従来は、目の前のひとを援助するのであって、「あなたの責任で、あなたが判断しながら、私たちがそれを援助していく」が基本でしたが、DV被害の場合は「あなたにはまったく責任はない」というところから始まるのです。被害者支援にみられる責任のあつかい方は、歴史的にみるとまったく新しいものなのです。

被害者と加害者はまったく別のプログラムで

被害者と加害者に対しては、まったく別のプログラム内容が必要です。私たちのセンターではDV被害者のグループカウンセリングを実施しています。いっぽうで、NPO法人を立ち上げてDV加害者のプログラムにもかかわっています。二〇〇三年に内閣府の男女共同参画課が、配偶者暴力の加害者に対する調査研究班をつくり、私も加わりました。カナダを視察し、その後実際に加害者へのプログラムを内閣府が地方自治体に委託して、試行的実施をおこなったのです。そのときの研究メンバーを中心に研究会を立ち上げて、場所は私たちのセンターを貸してDV加害者グループを対象としたプログラムを実施しています。

児童虐待の場合は、児童相談所が介入して子どもを保護し、その子は養護施設で保護されますが、ずっとそのままでいるわけにはいきません。家族再統合といって、親子をもう一度やりなおすための試みが必要となります。それがいつなのか、どのようにアプローチするかが問題になります。

しかし、子どもが保護されているあいだ、当の親には何も義務がないのです。地方自治体によっては児童相談所のスタッフが面接をする場合もありますが、義務ではないので、違反しても罰則はありません。今までどおりの生活をしてかまわないのです。多くの場合、「そろそろ一年経ったから、家族を再統合しましょうか」ということになりますが、そのあいだに親は何を努力しているのでしょうか。

虐待行為をくりかえさないように、子どもの養育にふさわしい育児態度を親に身につけさせるためのプログラムは、欧米ではいくつも実施されています。すでに日本でも民間ではいくつもプログラムが実施されていますが、そこに導入するまでの、強制力行使も含んだ道すじが示されることが急務ではないかと思います。

DV加害者に対するプログラム

私たちの実施しているDV加害者プログラムのモデルは、カナダのブリティッシュ・コロンビア（BC）州公認のプログラムです。国によってはもちろん、カナダでも州によってかなりプログラムの内容は異なります。BC州のプログラムはそれほど処罰的ではなく、心理学の最新の知識を活用し、参加者の動機を高めながら、一対一ではなくグループでおこなう認知行動療法的な方法で実施されます。宿題が出るなど、学習的な雰囲気が強いのが特徴です。内容にはいくつかの柱がありますが、まず「何をもってDVと呼ぶか」を知ってもらうために、車軸の図を見せます（左頁参照）。これはドゥルースモデルという、アメリカで生まれた加害者更生プログラムの中で最初につくられたものです。現在では、世界中のDV加害者更生プログラムのモデルとして位置づけられています。

自分は暴力だとまったく思っていなくても、妻からすればそれが暴力であることを学習してもらうのです。大切なことは、身体的暴力と性的暴力はDVのごく一部であること、大多数は言葉や態度による暴力であることを強調することです。それ以外のテーマとしては、彼らが自覚せず持っている信念（女性蔑視）、暴力が妻に与える影響、妻に対するコミュニケーション、

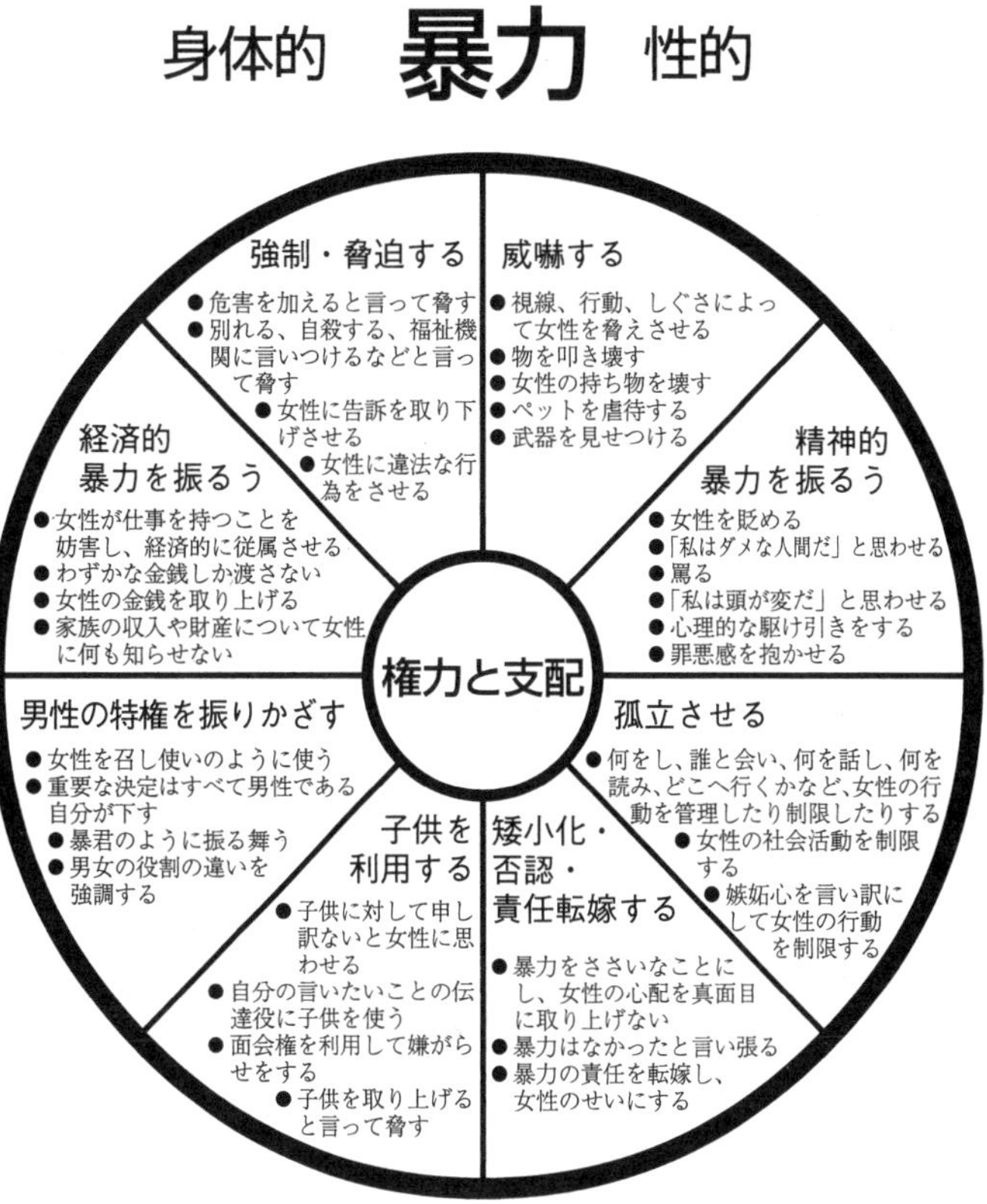

身体的 暴力 性的
権力と支配
強制・脅迫する
●危害を加えると言って脅す
●別れる、自殺する、福祉機関に言いつけるなどと言って脅す
●女性に告訴を取り下げさせる
●女性に違法な行為をさせる
威嚇する
●視線、行動、しぐさによって女性を脅えさせる
●物を叩き壊す
●女性の持ち物を壊す
●ペットを虐待する
●武器を見せつける
精神的暴力を振るう
●女性を貶める
●「私はダメな人間だ」と思わせる
●罵る
●「私は頭が変だ」と思わせる
●心理的な駆け引きをする
●罪悪感を抱かせる
孤立させる
●何をし、誰と会い、何を話し、何を読み、どこへ行くかなど、女性の行動を管理したり制限したりする
●女性の社会活動を制限する
●嫉妬心を言い訳にして女性の行動を制限する
矮小化・否認・責任転嫁する
●暴力をささいなことにし、女性の心配を真面目に取り上げない
●暴力はなかったと言い張る
●暴力の責任を転嫁し、女性のせいにする
子供を利用する
●子供に対して申し訳ないと女性に思わせる
●自分の言いたいことの伝達役に子供を使う
●面会権を利用して嫌がらせをする
●子供を取り上げると言って脅す
男性の特権を振りかざす
●女性を召し使いのように使う
●重要な決定はすべて男性である自分が下す
●暴君のように振る舞う
●男女の役割の違いを強調する
経済的暴力を振るう
●女性が仕事を持つことを妨害し、経済的に従属させる
●わずかな金銭しか渡さない
●女性の金銭を取り上げる
●家族の収入や財産について女性に何も知らせない

（出所）E. ペンス，M. ペイマー著，波田あい子監訳『暴力男性の教育プログラム――ドゥルース・モデル』（誠信書房，2004年）

妻に対する責任、子どもへの影響などを、全部で一八回のコースで実施します。

具体例や比喩を使って具体的に学習するのがポイントです。ともすると、抽象論や決意表明になりがちになるのを防ぐためです。たとえば、こんな課題を出します。

「あなたは会社で残業して、疲れて帰ってきました。『ただいま』と玄関を開けると家の中が散らかっています。妻は『ごめんなさい。今日は忙しくて、まだご飯をつくっていないの』と言いました。そのときにあなたはどう反応しますか」

この例題を、プログラムに参加する前と現在とに分けて答えてもらい、それを比較するのです。

「亭主がこんなに疲れて帰ってきているのに、おまえは何をしているんだ。主婦なんだから飯くらいつくるのは当たり前だろう、と言うでしょうね」

「そういうときの、あなたの基本にある信念はどういうものでしょうか?」

「俺は会社で働いているのだから、おまえは家事と育児をしっかりやるべきだ。だって、そうでしょう」

そこからファシリテーターの助けによって、彼の抱いている信念（考え方やとらえ方の癖）を明確にしていくのです。性別役割分業、妻は夫の言うことを聞くべき、男は女より偉いといった考えが次々と明らかになります。本人も気づかないうちに抱いている考え方やとらえ方が、こんなに多いのかと驚くほどです。

「その信念は、あなたと奥さんとの関係を良くするのに役立ちますか」

「そうではない考え方としては何があるでしょうか？」

このように質問をくりかえしながら、彼らの持っていた信念と、新たに獲得すべき信念とを探っていくのです。

また、暴力・暴言が他者にどのような影響を与えるか、その影響はどれくらい続くかということも学習してもらいます。これはとても大きなことです。DVを受けた妻は、夫に恐怖を抱いていますが、彼らはほとんど気づいていません。日常生活において、妻は恐怖を表に出さないように明るく強気にふるまっているからです。その恐怖は、夫が学習して妻への対応を変えたところで一朝一夕に拭《ぬぐ》えるものではなく、長いときには二年、三年、もっとかかる場合もあります。その間、妻を傷つけた彼らは努力し続けなくてはいけないのです。過去の行為に対してどのように責任をとっていくのかということを、加害者にはくりかえし学んでもらいます。

一番大きなことは、私たちのプログラムは誰のために実施するかということです。彼ら加害者のためではなく、彼らが傷つけた被害者のためにやるのだということが基本です。被害者支援の一環として、私たちは加害者プログラムをおこなっているのです。

子どもの虐待においても、親へのプログラムを実施する場合は、被害を受けた子どものためにという視点を忘れてはなりません。虐待する親の多くは、カウンセリングの中で「実は私も虐待されてきた」とか「子どもの愛し方がわからなかった」などと言いがちです。たしかに、聞いてみると悲惨な生育歴のひともいて、世代間連鎖という言葉どおりの例も少なくありません。それに重点を置きたくなる援助者は多いものです。とくに心理士は、かれらの被害者性をピックアップしたがるのではないでしょうか。しかし加害は加害として、「あなたが子どもにしたことに対して、親としてどう責任をとっていくのか」ということを、ぶれずに問うていく必要があります。

ＤＶ加害者へのプログラムは、内閣府が示した実施基準によれば、男女ペアのファシリテーターでおこなうことになっています。私たちが実施しているグループカウンセリングも、かならず男女ペアでファシリテーターを担当することにしています。理由のひとつは、プログラムに女性の視点を入れるということです。男性どうしのホモソーシャル（男性間の連帯）な意識が共有されるのを防ぐためです。妻たちと同性である女性ファシリテーターの存在は、その場にいない被害者の存在を間接的に示していることになります。もうひとつの理由は、ファシリテーターどうしの関係性を見てもらうためです。男性と女性が、命令や抑圧でない関係性を持ちうることを、その場で実際に示して加害者たちに理解させるのです。

ＤＶ被害者に対するカウンセリング

私たちのセンターでは、ＤＶ被害者のグループカウンセリングを実施しています。加害者プログラムと同じように「暴力とは何か」「ＤＶの影響とは何か」などを学習します。多くのＤＶ被害者の特徴は、「私のような者がＤＶ被害者と言っていいのか」と思っていることです。夫たちのなかには、妻を殴るわけではなく、嫌がらせやひどい暴言を吐くだけのひともいます。具体的には、妻に唾を吐きかけたり、「ブス」とか「女のクズだ」とか……そんなことを毎日言われているひともいるのです。

そんな被害を受けている彼女たちは、「殴られてはいないし、骨も折れていない。こんな私がＤＶの被害者を名乗ってはいけないんじゃないか」と言うのです。また、「そういう夫と別れられない私の問題です」とか「そういう男を選んだ私が愚かだった」といった過剰な自己責任意識に苛《さいな》まれていたりします。言うなれば、悪いのは自分、夫を怒らせたりした自分のせいなのだという加害者意識です。これが絶えず彼女たちを苦しめるので、ＤＶとは何であるか、暴言や暴力の責任は一〇〇％夫にあり、あなたに責任はないということを、くりかえし学習する必要があるのです。

たしかに多くのＤＶのケースでは、夫婦で互いに言い合うなかで暴力・暴言につながるので、そのプロセスの責任の一端は妻にもあります。当の夫はそこだけをとりあげて「妻が悪い」「妻にも責任がある」と主張します。しかし、なぜ妻に対して静かに言葉で伝えられないのでしょうか。成人であれば、冷静に自分の考えや気持ちを言葉にして伝えるべきでしょう。その選択肢もあるのに、彼らはあえて暴言・暴力を選んでいるのです。

冷静な言葉で伝えることもできるのに、殴ったり蹴ったり、怒鳴ったりする行為が暴力なのだということを被害者に伝えます。そうした暴力的な方法を選択した責任は一〇〇％、夫の側にあります。このことを何度もくりかえし妻に説明して、自分を責めるような彼女たちの認知や考えを変えていくのです。加害者の「俺は全然悪くない」という信念と、被害者の「全部私が悪いのではないか」という信念は、実はペアになっているのです。

加害者こそが被害者意識に満ちており、逆に被害者は加害者意識に満ちている。この奇妙な逆転現象が、ＤＶの起こる夫婦における通常の意識であることを、私たちは十分に知っておく必要があります。

ＤＶ被害者にとって、グループカウンセリングは大きな力になります。同じような女性がたくさんいるということは何よりの力です。こんな経験をしているのは自分だけだと考えて、深い孤立感を味わってきた女性ばかりですから。もうひとつ重要なことは、参加女性たちに対してトラウマやＰＴＳＤの知識を提供することです。これによって「自分が生意気だった」というような自責感が、「ＰＴＳＤによるフラッシュバックを防ぐための自己主張だった」というように変化していきます。

臨床心理学の実践現場では、これまで一対一の個人カウンセリングや個人精神療法が主流でした。ところが、さまざまな心理的問題や人間関係の障害の背後に、過去の被害経験が横たわっていることが近年少しずつ明らかになってきました。ＤＶや虐待、さまざまな性暴力などの影響は、トラウマ研究の急速な進展によってその深刻さが明らかになり、同時にいくつかの治療法も開発されてきました。

このことはカウンセリングの現場に大きな変化をもたらしつつあります。従来は司法領域に特化されていた加害・被害というパラダイム（問題の枠組み）が、カウンセリングの現場でも共有されるようになったのです。被害がもたらす影響の果てとしての心理的問題（苦しみ・悩み）だけをあつかうのでなく、そもそもの発端である暴力を対象としてあつかうように変化してきた、と言っていいでしょう。

本書でくりかえし述べてきたように、カウンセリングとは近代に構築された心（こころ）という仮構をあつかうものではありません。もっと生々しく、ダイナミックで現実的な関係、そして支配し・される関係性、暴力の問題を正面からあつかうようになったのです。このことは、これまで個人の内的世界だけに閉ざされ、個人の責任に帰されていた問題を、再度現実の関係のるつぼに投げ返すことになるでしょう。これによって救われるひと、そして責任を問われるべきひとたちが、新たに浮かびあがってくるでしょう。私は、これを臨床心理学の大きな発展だと考えています。

あとがき

私の職業を知らずに会ったひとが、私がカウンセラーを職業としていることを知って驚くことはめずらしくない。逆に、カウンセラーだという先入観を持って私に会ったひとがショックを受けることもめずらしくない。いずれもカウンセラーという職業に固定した特定のイメージを持っているから起きる現象である。そしてたぶん、私がそのイメージから程遠いから起きるのだろう。

「どんなイメージを持っていたんですか？」と尋ねると、「ひとの悩みを聞いてわかってあげられるくらいだから、自分のことなんか達観しているかと思った」「相手を理解してあげるわけだから、もっとやさしい人かと思った」「受容的でもの静かで、落ち着いた人かと思った」……などなどである。

ということは、私がけっこう騒々しくて、自分の意見をはっきり言い、喜怒哀楽を豊かに（派手に）表現するので、あまりのギャップに驚かれたということなのだろう。これを名誉と思っていいのか、それとも批判と受けとめるべきだろうか。

では、本書をお読みになって、カウンセラーのイメージが変わったという方はどれほどいらっしゃるだろう。できれば全員に、イエスと答えてもらいたいと望んでいる。多くの伝えたいことがてんこ盛りになっている本書だが、そのひとつがカウンセラー像の転換なのだから。

ボランティア的な善意に満ちたひとたちによるカウンセリングも重要だ。職場や学校において、カウンセリングの知識を応用した対人関係の展開は何より望まれるところだ。しかし、私が本書で描いたカウンセリングは、職業として、プロとしてのそれである。料金を対価とする、いわばサービス業のひとつとして成立しているカウンセリングである。

精神科医療が、医療経済に基づいた冷徹な経済原則に支えられていることは言うまでもない。カウンセリングがそれと対等な位置づけを主張するには、仕事（ビジネス）として十二分に成立している必要がある。

本書で具体的に書くことはできなかったが、私を二五年間駆動し続けてきたものは、とにかく経営を安定させることであった。新来クライエントの数がそのまま収入に響くので、とにかく多くのクライエントがセンターを訪れてくれる必要がある。そのためにはセンターの名前を知ってもらうこと、私たちが提供するサービスがクライエント自身のかかえる問題の解決に役立つだろうという信頼を勝ち取ることが必要だった。それに加えて、外来の精神科医療の医師たちの信頼を勝ち取ることも必要だった。精神科医との連携は必須の条件であるからである。

このように、一般のひとたちからの信頼と、精神科医たちに認められ信頼されることとの双方が相俟《あいま》って、私たちのセンターの経営が成り立ち存続が可能になる。こう書くと、お金のためにカウンセリングをやっているのかと思われるかもしれない。答えはイエスである。経済基盤がそれしかないからだ。大企業の援助も公的支援もない。保険制度に守られているわけでもない。クライエントからの料金だけでセンターを経済的に維持してきたこと、これが私の誇りでもある。あえて言えば、職業として成立しないようなカウンセリングは、その真剣さにおいてどこか欠けるところがあるのかもしれないとまで考えている。生活がかかっているという気迫と覚悟は、プロとして当然のことではないだろうか。

本書は、そんな私の悪戦苦闘の歴史のひとつの到達点である。お読みになった多くの方が、カウンセリングという職業を理解し、カウンセリングに触れてみようと思われたらうれしい。身内の問題は他人にはわからない、家族のことは家族で解決すべきだといった考えをお持ちの方もいるかもしれないが、かかえ込んで自滅してしまうより、プロに任せるという選択肢を持ってもらいたい。

最後になったが、多くのカウンセリング機関の中から原宿カウンセリングセンターを選び、カウンセリングに訪れてくださった多くのクライエントの皆さんに、心よりの感謝を述べたい。その方々から学ぶことで、本書を書くことができたと思っているからだ。
ありがとうございました。

二〇二〇年　台風の近づきつつある初秋の日に

信田さよ子

参考文献

（1）藤岡淳子編著（二〇〇五）『被害者と加害者の対話による回復を求めて――修復的司法におけるＶＯＭを考える』誠信書房
（2）Jenkins, A.（1990）*Invitation to Responsibility*, Dulwich Centre Publication.
（3）Marzilier, J. & Hall, J.（1999＝2003）*What is Clinical Psychology?*（下山晴彦編訳『専門職としての臨床心理士』東京大学出版会）
（4）中村正・沼崎一郎（二〇〇五）「ＤＶ問題をめぐる国家／社会／男性性の権力作用」『情況』二〇〇五年六月号、情況出版
（5）信田さよ子（一九九九）『アディクションアプローチ――もうひとつの家族援助論』医学書院
（6）信田さよ子（一九九九）『依存症』文春新書
（7）信田さよ子（二〇〇二）『ＤＶと虐待――「家族の暴力」に援助者ができること』医学書院
（8）信田さよ子・上野千鶴子（二〇〇四）『結婚帝国――女の岐れ道』講談社
（9）信田さよ子・キャンベル、Ｓ・上岡陽江（二〇〇四）『虐待という迷宮』春秋社
（10）Pence, E. & Paymar, M.（1993＝2004）*Education Groups for Men Who Batter : The Duluth Model.*（波田あい子監訳、堀田碧・寺沢恵美子訳『暴力男性の教育プログラム――ドゥルース・モデル』誠信書房）
（11）ＲＲＰ研究会（二〇〇七）『認知行動療法を用いたＤＶ加害者臨床の実際と可能性――ＤＶ加害者へのアプローチから学ぶ』平成一八年度東京ウィメンズプラザＤＶ防止等民間活動助成対象事業

（12）ＲＲＰ研究会（二〇〇七）『グッド・ダディ：ＤＶを目撃する子どもおよび家庭への回復援助プロジェクト報告書』平成一八年度独立行政法人福祉医療機構子育て支援基金助成事業
（13）下山晴彦（二〇〇〇）「心理臨床の発想と実践」『心理臨床の基礎１』岩波書店
（14）上野千鶴子（二〇〇六）『生き延びるための思想――ジェンダー平等の罠』岩波書店
（15）White, M. & Epston, D.（1990＝1992）*Narrative Means to Therapeutic Ends.*（小森康永訳『物語としての家族』金剛出版）
（16）White, M.（1995＝2000）*Re-Authoring Lives: Interviews & Essays by Michael White.*（小森康永・土岐篤史訳『人生の再著述――マイケル、ナラティヴ・セラピーを語る』ヘルスワーク協会）
（17）Moreno, J. L.（1946＝2006）*Psychodrama.*（増野肇監訳『サイコドラマ――集団精神療法とアクションメソッドの原点』白揚社）

著者　信田さよ子（のぶた さよこ）

公認心理師，臨床心理士。原宿カウンセリングセンター所長。

1946年岐阜県生まれ。駒木野病院勤務，CIAP原宿相談室勤務を経て1995年，原宿カウンセリングセンターを設立。

著書に『子どもの生きづらさと親子関係』（大月書店），『母が重くてたまらない』『〈性〉なる家族』（ともに春秋社），『実践アディクションアプローチ』（金剛出版）ほか多数。

装幀　宮川和夫事務所

改訂新版　カウンセリングで何《なに》ができるか

2020年10月15日　第1刷発行

定価はカバーに
表示してあります

著　者　信田さよ子
発行者　中川　進

〒113-0033　東京都文京区本郷2-27-16

発行所　株式会社　大　月　書　店

印刷　三晃印刷
製本　中永製本

電話（代表）03-3813-4651　FAX 03-3813-4656　振替00130-7-16387
http://www.otsukishoten.co.jp/

ISBN978-4-272-36094-9　C0011　　Printed in Japan